Findefix

Wörterbuch

für die Grundschule

mit lateinischer Ausgangsschrift

erarbeitet von

Sandra Duscher
Mascha Kleinschmidt-Bräutigam
Margret Kolbe
Dirk Menzel
Anja Wildemann

auf der Grundlage der Ausgabe von

Johann Fackelmann
Robert Müller
Klaus Patho
Susanne Patho

Oldenbourg

Impressum

Redaktion: Bea Herrmann
Illustration: Karsten Teich, Eva Muszynski
Umschlagkonzept: Mendell & Oberer, München
Umschlaggestaltung und Layoutkonzept: grundmanngestaltung, Karlsruhe
Layout und technische Umsetzung: grundmanngestaltung, Karlsruhe
und le-tex publishing services GmbH, Leipzig

www.cornelsen.de

Dieses Werk berücksichtigt die Regeln der reformierten Rechtschreibung und
Zeichensetzung. Ausnahmen bilden Originaltexte, bei denen lizenzrechtliche
Gründe einer Änderung entgegenstehen.

1. Auflage, 5. Druck 2024

Alle Drucke dieser Auflage sind inhaltlich unverändert
und können im Unterricht nebeneinander verwendet werden.

Druck: H. Heenemann, Berlin

ISBN 978-3-637-01336-0

PEFC zertifiziert
Dieses Produkt stammt aus nachhaltig
bewirtschafteten Wäldern und kontrollierten
Quellen.

www.pefc.de

PEFC/04-31-1156

Inhaltsverzeichnis

Benutzerhinweise zum Ersten Wörterverzeichnis

Am Rand jeder Seite befinden sich untereinander alle Buchstaben des ABCs. Du findest auf jeder Seite Stichwörter, die mit dem Buchstaben beginnen, der in dieser Leiste dick hervorgehoben ist.

Die Stichwörter stehen im Ersten Wörterverzeichnis in Druckschrift und in Schreibschrift.

In der Druckschrift stehen die Silben der Stichwörter abwechselnd in schwarzer und in blauer Schrift. So kannst du sehen, wo du ein Wort trennen kannst.

In der Schreibschrift stehen unter den Silben eines Stichwortes Silbenbögen.

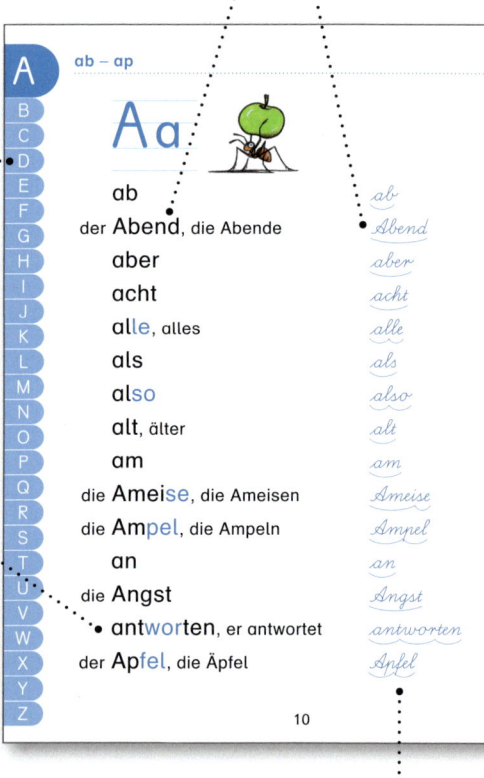

A   ab – ap

Aa

ab   ab
der Abend, die Abende   Abend
aber   aber
acht   acht
alle, alles   alle
als   als
also   also
alt, älter   alt
am   am
die Ameise, die Ameisen   Ameise
die Ampel, die Ampeln   Ampel
an   an
die Angst   Angst
antworten, er antwortet   antworten
der Apfel, die Äpfel   Apfel

10

4

Hier wird dir angegeben, mit welchen beiden Buchstaben das erste und das letzte Stichwort auf einer Seite beginnen.

Wenn du dir unsicher bist, in welchem Buchstaben du dich befindest, hilft dir auch dieses Bildchen weiter. Es zeigt dir immer ein Tier oder eine Figur mit einem Gegenstand, die mit dem gleichen Buchstaben beginnen wie die Stichwörter auf der Seite.

ap – au   A

der April — *April*

arbeiten, sie arbeitet — *arbeiten*

der Arm, die Arme — *Arm*

der Ast, die Äste — *Ast*

auf — *auf*

die Aufgabe, die Aufgaben — *Aufgabe*

das Auge, die Augen — *Auge*

der August — *August*

aus — *aus*

das Auto, die Autos — *Auto*

B C D E F G H I J K L M N O P Q R S T U V W X Y Z

Wenn es sich bei einem Stichwort um ein Verb handelt, ist hinter dem Infinitiv noch die 3. Person Singular angegeben.

Wenn es sich bei einem Stichwort um ein Nomen handelt, dann steht davor noch der bestimmte Artikel.

Bei einem Nomen sind immer der Singular und der Plural angegeben.

11

5

So lernst du das ABC

Das Wörterbuch hilft dir, schwierige Wörter richtig zu schreiben. Damit du ein Wort schnell finden kannst, sind die Wörter nach dem ABC geordnet. Du musst also zuerst das ABC kennen, dann kannst du schnell in einem Wörterbuch nachschlagen. Die folgenden Spiele und Übungen helfen dir, das ABC zu lernen, und zeigen dir, wie du ein Wort schnell finden kannst.

1. Lies das ABC und sprich die blauen Buchstaben lauter. Du kannst zu den blauen Buchstaben auch klatschen, klopfen oder mit den Fingern schnippen.

A	B	C	D
E	F	G	H
I	J	K	L
M	N	O	P

Q	R	S	T
U	V	W	
X	Y	Z	

2. Führe dein ABC mit Klatschen, Klopfen oder Fingerschnippen jemandem vor.

3. Starte bei einem der folgenden Buchstaben und sprich das ABC zu Ende.

H …, G …, Q …, P …, L …, U …, E …, S …, J …, C …

4. Lies das ABC. Sprich die fehlenden Buchstaben mit.

A B ■ D E F ■ H I ■ K ■ M
N O ■ Q R ■ T ■ V W ■ Y Z

5. Schreibe für ein anderes Kind ein Lücken-ABC in großen oder kleinen Buchstaben.

6. Löse die beiden ABC-Rätsel.
Es hilft dir, wenn du einen
Teil des ABC dazu aufsagst:

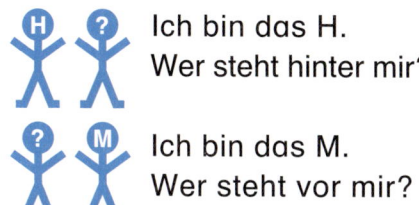

Ich bin das H.
Wer steht hinter mir?

Ich bin das M.
Wer steht vor mir?

7. Stelle einem Freund oder
einer Freundin solche ABC-
Rätsel. Schreibe sie so auf:

P ■   C ■   I ■
■ X   ■ T   ■ F

8. Sicher schaffst du auch zwei
Buchstaben danach und zwei
davor.

Q ■ M ■
G ■ U ■

■ E ■ O
■ J ■ N

9. Im Wörterbuch sind Wörter
nach dem ABC geordnet.
Dazu musst du auf den
1. Buchstaben achten.

Ordne die Namen nach dem
ABC, schreibe sie in der rich-
tigen Reihenfolge auf:

Linda • **E**mre • **J**ulian • **T**om
• **B**ahar • **I**gor • **A**nisa • **P**aula

Anisa, ...

10. Schaue dich nun im Klassen-
zimmer oder deinem Kinder-
zimmer um und mache eine
ABC-Liste mit den Gegen-
ständen darin. Zu manchen
Buchstaben findest du wahr-
scheinlich nichts. Lasse ein-
fach eine Lücke. Du kannst
auch mehrere Dinge zu einem
Buchstaben schreiben.

A	Abfalleimer
B	Bücher
C	
D	
E	
...	

So lernst du im Wörterbuch nachschlagen

Schaue dir zuerst die Seiten 4 und 5 an. Dort wird erklärt, was du auf den Seiten im blauen Teil findest und wie die Zeichen und Bilder dir beim Suchen helfen.

1. Nimm das geschlossene Wörterbuch in die Hand. Blättere wie bei einem Daumenkino den blauen Teil durch. Der große Buchstabe am Rand zeigt an, mit welchem Buchstaben die Wörter auf dieser Seite beginnen.

2. Auf welcher Seite stehen Wörter, die mit einem O, G, V, R, I, U beginnen?

   Schreibe so auf:
   O → Seite 34, …

3. In einer Zoogeschichte musst du Tiernamen schreiben. Das Wörterbuch hilft dir, sie richtig zu schreiben. Suche die Namen dieser Tiere und schreibe sie aus dem Findefix ab:

4. Wenn Wörter mit dem gleichen Buchstaben anfangen, hilft dir der zweite Buchstabe, das Wort zu finden. Suche das erste Wort im Findefix, das so anfängt. Schreibe auf.

   tr • En • st • Ne • wo • Ap • pf • Fe • zw

5. **Apfel • Ampel • Ast • Abend • Auto • Ananas • Arm • Alarm • Affe**

   Wörter, die mit dem gleichen Buchstaben anfangen, werden nach dem zweiten Buchstaben nach dem ABC geordnet.

A a
A b end
A c
A d
A e
A f fe
A g
A h

Schreibe die Liste zu Ende.
Ordne die Wörter oben
deiner Liste zu.

6. **Esel** · **Ente** · **Efeu** · **Elefant** ·
Eber · **Eis** · **Emu** · **Eule** ·
Erde · **Ecke**

Schreibe nun eine Liste für
diese E-Wörter. Schreibe
wieder wie in Aufgabe 5 und
achte auf den 2. Buchstaben.

7. Wochentage und Monatsna-
men musst du oft schreiben.
Suche sie im blauen Teil und
schreibe so:

Montag → Seite 31,
Dienstag → Seite …

Januar → Seite 26,
Februar → Seite …

8. Beim Schreiben über die
Ferien oder die Schule
brauchst du Wörter, die
erzählen, was jemand tut.
Schreibe Wörter auf, die
so anfangen.

sp · **fa** · **ba** · **re** · **fr** · **ge** ·
ar · **es** · **he** · **tu** · **ko** · **la**

9. Im blauen Teil stehen nicht
alle Wörter. Welche dieser
Wörter findest du dort nicht?
Schreibe sie auf.

acht · **Hai** · **immer** · **malen** ·
kaputt · **Schwester** · **Name** ·
Zimmer · **Klasse** · **fragen** ·
schleudern

10. Den Plural von Nomen findest
du hinter dem Singular. Suche
diese Wörter im blauen Teil:

Männer · **Wege** · **Gärten** ·
Autos · **Vögel** · **Schuhe** ·
Nächte · **Zwiebeln** · **Häuser**

Schreibe so:
die Männer → der Mann,
Seite 30, …

A

ab	*ab*
der **Abend**, die Abende	*Abend*
aber	*aber*
acht	*acht*
alle, alles	*alle*
als	*als*
also	*also*
alt, älter	*alt*
am	*am*
die **Ameise**, die Ameisen	*Ameise*
die **Ampel**, die Ampeln	*Ampel*
an	*an*
die **Angst**	*Angst*
antworten, er antwortet	*antworten*
der **Apfel**, die Äpfel	*Apfel*

der **April** — *April*

arbei**ten**, sie arbeitet — *arbeiten*

der **Arm**, die Arme — *Arm*

der **Ast**, die Äste — *Ast*

auf — *auf*

die **Auf**ga**be**, die Aufgaben — *Aufgabe*

das **Au**ge, die Augen — *Auge*

der **Au**gust — *August*

aus — *aus*

das **Au**to, die Autos — *Auto*

B C D E F G H I J K L M N O P Q R S T U V W X Y Z

Bb

das **Ba**by, die Babys — *Baby*

baden, er badet — *baden*

der **Ball**, die Bälle — *Ball*

die **Ba**na**ne**, die Bananen — *Banane*

die **Bank**, die Bänke — *Bank*

der **Bär**, die Bären — *Bär*

der **Bauch**, die Bäuche — *Bauch*

bauen, sie baut — *bauen*

der **Baum**, die Bäume — *Baum*

bei — *bei*

das **Bein**, die Beine — *Bein*

beiß**en**, sie beißt — *beißen*

bewe**gen**, er bewegt — *bewegen*

bezah**len**, sie bezahlt — *bezahlen*

die **Bie**ne, die Bienen — *Biene*

das **Bild**, die Bilder — *Bild*

bin — *bin*

die **Birne**, die Birnen — *Birne*

bis — *bis*

bist — *bist*

bitten, er bittet — *bitten*

das **Blatt**, die Blätter — *Blatt*

blau — *blau*

bleiben, sie bleibt — *bleiben*

blühen, es blüht — *blühen*

die **Blume**, die Blumen — *Blume*

die **Blüte**, die Blüten — *Blüte*

der **Boden**, die Böden — *Boden*

böse — *böse*

braun — *braun*

der **Brief**, die Briefe — *Brief*

bringen, er bringt — *bringen*

das **Brot**, die Brote — *Brot*

das **Bröt**chen, die Brötchen — *Brötchen*

der **Bru**der, die Brüder — *Bruder*

das **Buch**, die Bücher — *Buch*

bunt — *bunt*

der **Busch**, die Büsche — *Busch*

C c

der **Cent**, die Cents

der **Christ**baum,

   die Christbäume

das **Christ**kind

der **Clown**, die Clowns

der **Comp**u**ter**, die Computer

Cent

Christbaum

Christkind

Clown

Computer

A B C D E F G H I J K L M N O P Q R S T U V W X Y Z

Dd

da	*da*
danken, er dankt	*danken*
dann	*dann*
das	*das*
dass	*dass*
dein, deine, deiner	*dein*
dem	*dem*
den	*den*
denken, sie denkt	*denken*
denn	*denn*
der	*der*
des	*des*
der **De**zem**ber**	*Dezember*
dich	*dich*
die	*die*

der **Diens**tag — *Dienstag*

diese, dieser, dieses — *diese*

der **Din**osau**ri**er, — *Dinosaurier*

die Dinosaurier

dir — *dir*

doch — *doch*

der **Don**ner**s**tag — *Donnerstag*

drei — *drei*

du — *du*

dunkel — *dunkel*

durch — *durch*

der **Durst** — *Durst*

die **Du**sche, die Duschen — *Dusche*

A B C D E F G H I J K L M N O P Q R S T U V W X Y Z

E e

das **Ei**, die Eier   *Ei*

ein, eine, einer   *ein*

eins   *eins*

das **Eis**   *Eis*

der **Ele**fant, die Elefanten   *Elefant*

elf   *elf*

die **El**tern   *Eltern*

das **En**de   *Ende*

eng   *eng*

die **En**te, die Enten   *Ente*

er   *er*

die **Er**de   *Erde*

erzäh**len**, er erzählt   *erzählen*

es   *es*

essen, sie isst   *essen*

euch

eu**er**, eure

die **Eu**l**e**, die Eulen

der **Eu**r**o**, die Euros

F f

fahren, er fährt — *fahren*

fallen, er fällt — *fallen*

die Familie, die Familien — *Familie*

fangen, sie fängt — *fangen*

der Februar — *Februar*

fein — *fein*

das Feld, die Felder — *Feld*

das Fenster, die Fenster — *Fenster*

die Ferien — *Ferien*

finden, er findet — *finden*

der Finger, die Finger — *Finger*

fliegen, sie fliegt — *fliegen*

der Flügel, die Flügel — *Flügel*

flüssig — *flüssig*

fragen, er fragt — *fragen*

die **Frau**, die Frauen — *Frau*

der **Freitag** — *Freitag*

fremd — *fremd*

fressen, es frisst — *fressen*

die **Freude** — *Freude*

sich **freuen**, sie freut sich — *freuen*

der **Freund**, die Freunde — *Freund*

die **Freundin**, die Freundinnen — *Freundin*

frisch — *frisch*

die **Frucht**, die Früchte — *Frucht*

der **Frühling** — *Frühling*

der **Fuchs**, die Füchse — *Fuchs*

füllen, er füllt — *füllen*

der **Füller**, die Füller — *Füller*

fünf — *fünf*

für — *für*

der **Fuß**, die Füße — *Fuß*

A B C D E F G H I J K L M N O P Q R S T U V W X Y Z

Gg

ganz, ganze, ganzer   *ganz*

der **Garten**, die Gärten   *Garten*

geben, er gibt   *geben*

gehen, sie geht   *gehen*

gelb   *gelb*

das **Geld**   *Geld*

das **Gemüse**   *Gemüse*

das **Gesicht**, die Gesichter   *Gesicht*

gestern   *gestern*

gesund   *gesund*

die **Giraffe**, die Giraffen   *Giraffe*

das **Gras**, die Gräser   *Gras*

groß, größer   *groß*

grün   *grün*

gut   *gut*

Hh

das **Haar**, die Haare — *Haar*

haben, er hat — *haben*

der **Hals** — *Hals*

halten, sie hält — *halten*

die **Hand**, die Hände — *Hand*

hart, härter — *hart*

der **Ha**se, die Hasen — *Hase*

das **Haus**, die Häuser — *Haus*

die **Haut**, die Häute — *Haut*

die **He**cke, die Hecken — *Hecke*

heiß — *heiß*

heißen, er heißt — *heißen*

helfen, sie hilft — *helfen*

hell — *hell*

das **Hemd**, die Hemden — *Hemd*

her	*her*
der **Herbst**	*Herbst*
der **Herr**, die Herren	*Herr*
heute	*heute*
die **Hex**e, die Hexen	*Hexe*
hier	*hier*
die **Hil**fe	*Hilfe*
der **Him**mel	*Himmel*
hin	*hin*
hinter	*hinter*
h**ö**ren, er hört	*hören*
der **Hort**	*Hort*
die **Ho**se, die Hosen	*Hose*
das **Huhn**, die Hühner	*Huhn*
der **Hund**, die Hunde	*Hund*
hundert	*hundert*
der **Hun**ger	*Hunger*

Ii

ich	*ich*
der **Igel**, die Igel	*Igel*
ihm	*ihm*
ihn, ihnen	*ihn*
ihr, ihre	*ihr*
im	*im*
immer	*immer*
in	*in*
der **Indianer**, die Indianer	*Indianer*
ins	*ins*
ist	*ist*

A B C D E F G H I J K L M N O P Q R S T U V W X Y Z

Jj

ja — *ja*

das **Jahr**, die Jahre — *Jahr*

der **Jaguar**, die Jaguare — *Jaguar*

der **Januar** — *Januar*

jede, jeder, jedes — *jede*

jemand — *jemand*

jetzt — *jetzt*

das **Jo-Jo**, die Jo-Jos — *Jo-Jo*

der **Juli** — *Juli*

jung, jünger — *jung*

der **Junge**, die Jungen — *Junge*

der **Juni** — *Juni*

Kk

der **Käfer**, die Käfer   *Käfer*

der **Kalender**, die Kalender   *Kalender*

kalt, kälter   *kalt*

die **Kälte**   *Kälte*

die **Kartoffel**, die Kartoffeln   *Kartoffel*

die **Katze**, die Katzen   *Katze*

kaufen, sie kauft   *kaufen*

kein, keine, keiner   *kein*

das **Kind**, die Kinder   *Kind*

die **Klasse**, die Klassen   *Klasse*

das **Kleid**, die Kleider   *Kleid*

klein   *klein*

kochen, er kocht   *kochen*

der **Koffer**, die Koffer   *Koffer*

kommen, sie kommt   *kommen*

27

A B C D E F G H I J K L M N O P Q R S T U V W X Y Z

können, er kann   *können*

der Kopf, die Köpfe   *Kopf*

der Körper, die Körper   *Körper*

kosten, es kostet   *kosten*

krank   *krank*

das Kraut, die Kräuter   *Kraut*

die Kuh, die Kühe   *Kuh*

L l

lau**fen**, er läuft	*laufen*
laut	*laut*
le**ben**, sie lebt	*leben*
le**gen**, er legt	*legen*
leicht	*leicht*
lei**se**	*leise*
ler**nen**, sie lernt	*lernen*
le**sen**, er liest	*lesen*
die Leu**te**	*Leute*
das Le**xi**kon	*Lexikon*
das Licht, die Lichter	*Licht*
lieb	*lieb*
lie**ben**, sie liebt	*lieben*
lie**gen**, er liegt	*liegen*
der Luchs, die Luchse	*Luchs*

A B C D E F G H I J K **L** M N O P Q R S T U V W X Y Z

Mm

ma**chen**, er macht	*machen*
das Mäd**chen**, die Mädchen	*Mädchen*
der Mai	*Mai*
ma**len**, sie malt	*malen*
man	*man*
der Mann, die Männer	*Mann*
der März	*März*
die Maus, die Mäuse	*Maus*
mein, meine, meiner	*mein*
mich	*mich*
die Mi**nu**te, die Minuten	*Minute*
mir	*mir*
mit	*mit*
der Mitt**woch**	*Mittwoch*
der Mo**nat**, die Monate	*Monat*

der **Mond**   *Mond*

der **Mon**tag   *Montag*

mor**gen**   *morgen*

der **Mund**, die Münder   *Mund*

müssen, er muss   *müssen*

die **Mut**ter, die Mütter   *Mutter*

A
B
C
D
E
F
G
H
I
J
K
L
M
N
O
P
Q
R
S
T
U
V
W
X
Y
Z

Nn

nach	*nach*
die **Nacht**, die Nächte	*Nacht*
der **Name**, die Namen	*Name*
die **Nase**, die Nasen	*Nase*
das **Nashorn**, die Nashörner	*Nashorn*
nass	*nass*
der **Nebel**	*Nebel*
nehmen, sie nimmt	*nehmen*
nein	*nein*
das **Nest**, die Nester	*Nest*
neu	*neu*
neun	*neun*
neunzig	*neunzig*
nicht	*nicht*
nichts	*nichts*

nie

der **No**vem**ber**

nun

nur

nie

November

nun

nur

Oo

ob	*ob*
oben	*oben*
das **Obst**	*Obst*
oder	*oder*
of**fen**	*offen*
oft	*oft*
das **Ohr**, die Ohren	*Ohr*
der **Ok**to**ber**	*Oktober*
die **Oma**, die Omas	*Oma*
der **On**kel, die Onkel	*Onkel*
der **Opa**, die Opas	*Opa*
der **Os**ter**hase**, die Osterhasen	*Osterhase*
Ostern	*Ostern*

P p

das **Pa**pier, die Papiere — *Papier*

die **Pau**se, die Pausen — *Pause*

das **Pferd**, die Pferde — *Pferd*

die **Pflan**ze, die Pflanzen — *Pflanze*

pflanzen, er pflanzt — *pflanzen*

pflegen, sie pflegt — *pflegen*

der **Pi**rat, die Piraten — *Pirat*

die **Piz**za, die Pizzas — *Pizza*

der **Platz**, die Plätze — *Platz*

die **Pom**mes — *Pommes*

der **Preis**, die Preise — *Preis*

der **Punkt**, die Punkte — *Punkt*

die **Pup**pe, die Puppen — *Puppe*

A B C D E F G H I J K L M N O **P** Q R S T U V W X Y Z

Qu qu

das **Quad**rat, die Quadrate   *Quadrat*

quaken, er quakt   *quaken*

die **Qual**le, die Quallen   *Qualle*

der **Quark**   *Quark*

quer   *quer*

Rr

das **Rad**, die Räder — *Rad*

die **Raupe**, die Raupen — *Raupe*

rechnen, sie rechnet — *rechnen*

reden, er redet — *reden*

der **Regen** — *Regen*

reich — *reich*

reisen, sie reist — *reisen*

rennen, er rennt — *rennen*

richtig — *richtig*

der **Ritter**, die Ritter — *Ritter*

der **Rock**, die Röcke — *Rock*

rollen, er rollt — *rollen*

rot — *rot*

der **Rücken**, die Rücken — *Rücken*

rufen, sie ruft — *rufen*

A B C D E F G H I J K L M N O P Q **R** S T U V W X Y Z

S s

der **Saft**, die Säfte — *Saft*

sagen, er sagt — *sagen*

das **Salz** — *Salz*

der **Sams**tag — *Samstag*

der **Sand** — *Sand*

sandig — *sandig*

der **Satz**, die Sätze — *Satz*

schauen, sie schaut — *schauen*

scheinen, es scheint — *scheinen*

die **Sche**re, die Scheren — *Schere*

schlafen, er schläft — *schlafen*

schlagen, sie schlägt — *schlagen*

der **Schmet**terling, — *Schmetterling*
die Schmetterlinge

der **Schnee** — *Schnee*

schnei**den**, er schneidet — *schneiden*

schnell — *schnell*

schon — *schon*

schön — *schön*

schrei**ben**, sie schreibt — *schreiben*

schrei**en**, er schreit — *schreien*

der Schuh, die Schuhe — *Schuh*

die Schu**le**, die Schulen — *Schule*

schwarz — *schwarz*

das Schwein, die Schweine — *Schwein*

die Schwes**ter**, die Schwestern — *Schwester*

sechs — *sechs*

se**hen**, sie sieht — *sehen*

sehr — *sehr*

die Sei**fe**, die Seifen — *Seife*

sein — *sein*

sein, seine, seiner — *sein*

A B C D E F G H I J K L M N O P Q R **S** T U V W X Y Z

seit — *seit*

die **Se**kun**de**, die Sekunden — *Sekunde*

der **Sep**tem**ber** — *September*

sich — *sich*

sie — *sie*

sieben — *sieben*

sind — *sind*

singen, er singt — *singen*

sitzen, sie sitzt — *sitzen*

so — *so*

das **So**fa, die Sofas — *Sofa*

der **Sohn**, die Söhne — *Sohn*

sollen, er soll — *sollen*

der **Som**mer — *Sommer*

die **Son**ne — *Sonne*

der **Sonn**tag — *Sonntag*

die **Spa**ghetti — *Spaghetti*

sparen, sie spart   *sparen*

spielen, er spielt   *spielen*

der Sport   *Sport*

der Stängel, die Stängel   *Stängel*

stehen, sie steht   *stehen*

stellen, er stellt   *stellen*

der Stift, die Stifte   *Stift*

still   *still*

die Stirn   *Stirn*

der Strauch, die Sträucher   *Strauch*

die Stunde, die Stunden   *Stunde*

suchen, sie sucht   *suchen*

A B C D E F G H I J K L M N O P Q R **S** T U V W X Y Z

T t

der **Tag**, die Tage · · · · · · · · · · · *Tag*

die **Tan**te, die Tanten · · · · · · · · *Tante*

die **Ta**sche, die Taschen · · · · · · · *Tasche*

der **Ted**dy, die Teddys · · · · · · · · *Teddy*

der **Tee** · *Tee*

das **Te**le**fon**, die Telefone · · · · · *Telefon*

der **Tel**ler, die Teller · · · · · · · · · · *Teller*

die **Tem**pe**ra**tur, · · · · · · · · · · · · · *Temperatur*

die Temperaturen

teuer · *teuer*

das **Ther**mo**me**ter, · · · · · · · · · · · *Thermometer*

die Thermometer

das **Tier**, die Tiere · · · · · · · · · · · · · *Tier*

der **Ti**ger, die Tiger · · · · · · · · · · · · *Tiger*

die **Toch**ter, die Töchter · · · · · · · · *Tochter*

die **To**ma**te**, die Tomaten   *Tomate*

tragen, sie trägt   *tragen*

trinken, er trinkt   *trinken*

die **Trom**mel, die Trommeln   *Trommel*

turnen, sie turnt   *turnen*

A
B
C
D
E
F
G
H
I
J
K
L
M
N
O
P
Q
R
S
T
U
V
W
X
Y
Z

Uu

üben, er übt	*üben*
über	*über*
die **Übung**, die Übungen	*Übung*
die **Uhr**, die Uhren	*Uhr*
der **Uhu**, die Uhus	*Uhu*
um	*um*
und	*und*
der **Unfall**, die Unfälle	*Unfall*
uns	*uns*
unser, unsere	*unser*
unten	*unten*
unter	*unter*

V v

der **Vampir**, die Vampire   *Vampir*

der **Vater**, die Väter   *Vater*

vergessen, sie vergisst   *vergessen*

der **Verkehr**   *Verkehr*

verlieren, er verliert   *verlieren*

versuchen, sie versucht   *versuchen*

viel   *viel*

vier   *vier*

der **Vogel**, die Vögel   *Vogel*

voll   *voll*

vom   *vom*

von   *von*

vor   *vor*

vorbei   *vorbei*

vorher   *vorher*

Ww

die **Waage**, die Waagen — *Waage*

wachsen — *wachsen*

der **Wal**, die Wale — *Wal*

wann — *wann*

warm, wärmer — *warm*

die **Wärme** — *Wärme*

warten, sie wartet — *warten*

warum — *warum*

was — *was*

waschen, er wäscht — *waschen*

das **Wasser** — *Wasser*

der **Weg**, die Wege — *Weg*

Weihnachten — *Weihnachten*

weil — *weil*

weiß — *weiß*

weit — *weit*

weiter — *weiter*

welche, welcher, welches — *welche*

wem — *wem*

wen — *wen*

wenig — *wenig*

wenn — *wenn*

wer — *wer*

werden, sie wird — *werden*

das Wetter — *Wetter*

wie — *wie*

wieder — *wieder*

die Wiese, die Wiesen — *Wiese*

der Wind, die Winde — *Wind*

der Winter — *Winter*

wir — *wir*

wo — *wo*

A B C D E F G H I J K L M N O P Q R S T U V W X Y Z

die **Wo**che, die Wochen   *Woche*

wohnen, er wohnt   *wohnen*

wollen, sie will   *wollen*

das **Wort**, die Wörter   *Wort*

wünschen, er wünscht   *wünschen*

der **Wurm**, die Würmer   *Wurm*

die **Wur**zel, die Wurzeln   *Wurzel*

X x

Xaver

das **Xy**lo**fon**, die Xylofone

Xaver

Xylofon

Y y

die **Yacht**, die Yachten

der **Yak**, die Yaks

Ypsilon

Yacht

Yak

Ypsilon

Z z

die **Zahl**, die Zahlen — *Zahl*

zahlen, er zahlt — *zahlen*

zählen, sie zählt — *zählen*

der **Zahn**, die Zähne — *Zahn*

das **Zeb**ra, die Zebras — *Zebra*

die **Ze**he, die Zehen — *Zehe*

zehn — *zehn*

zeigen, er zeigt — *zeigen*

die **Zeit**, die Zeiten — *Zeit*

die **Zei**tung, die Zeitungen — *Zeitung*

das **Zim**mer, die Zimmer — *Zimmer*

der **Zoo**, die Zoos — *Zoo*

zu — *zu*

der **Zu**cker — *Zucker*

zum — *zum*

zur *zur*

zu**sam**men *zusammen*

zwei *zwei*

die **Zwie**bel, die Zwiebeln *Zwiebel*

zwölf *zwölf*

Benutzerhinweise zum Zweiten Wörterverzeichnis

Am Rand jeder Seite befinden sich untereinander alle Buchstaben des ABCs. Du findest auf jeder Seite Stichwörter, die mit dem Buchstaben beginnen, der in dieser Leiste dick hervorgehoben ist.

Wenn bei einem Wort unterschiedliche Schreibweisen möglich sind, werden beide aufgeführt.

Bei einer Abkürzung wird dahinter angegeben, wofür sie steht.

Bei regelmäßigen Verben ist hinter dem Infinitiv noch die 2. Person Singular angegeben.

Unregelmäßige Verbformen findest du als eigenes Stichwort. Dahinter ist der Infinitiv des Verbs angegeben.

Bei zwei gleich klingenden Wörtern mit unterschiedlicher Bedeutung steht in Klammern dahinter, was sie bedeuten.

m – ma

M

- m (Meter)
- **ma|chen**, du machst
- die **Macht**, die Mäch|te
- **mäch|tig**
- das **Mäd|chen**, die Mäd|chen
- die **Mal|de**, die Mal|den
- der **Ma|gen**,
  die Mä|gen – Ma|gen
  ma|ger
- die **Ma|gie**
- der **Mag|net**,
  die Mag|ne|te – Mag|ne|ten
  mag|ne|tisch
- du **magst** ◁ mögen
  mä|hen, du mähst
- **mah|len** (z.B. Mehl mahlen),
  du mahlst
- die **Mahl|zeit**, die Mahl|zei|ten
- die **Mäh|ne**, die Mäh|nen
  mah|nen, du mahnst
- die **Mah|nung**, die Mah|nun|gen
- der **Mai**
- die **Mail|box**, die Mail|bo|xen
  mai|len, du mailst

- der **Main**
- der **Mais** ❸
- die **Ma|jes|tät**, die Ma|jes|tä|ten
- die **Ma|jo|nä|se** – Ma|yon|naise
- das **Make-up**, die Make-ups
- die **Mak|ka|ro|ni**
- das **Mal**, die Ma|le
  mal
  ma|len (z.B. Bild malen),
  du malst
  Mal|ta
- die **Ma|ma**, die Ma|mas
- das **Mam|mut**,
  die Mam|mu|te – Mam|muts
  man
- der **Ma|na|ger**, die Ma|na|ger
- die **Ma|na|ge|rin**,
  die Ma|na|ge|rin|nen
  man|che
  man|cher
  man|ches
  manch|mal
- das **Man|da|la**, die Man|da|las
- die **Man|da|ri|ne**,
  die Man|da|ri|nen ❶
- die **Man|del**, die Man|deln
- die **Ma|ne|ge**, die Ma|ne|gen
- der **Manga** – das Man|ga,
  die Man|gas

134

Wenn du dir unsicher bist, in welchem Buchstaben du dich befindest, hilft dir auch dieses Bildchen weiter. Es zeigt dir immer ein Tier oder eine Figur mit einem Gegenstand, die mit dem gleichen Buchstaben beginnen wie die Stichwörter auf der Seite.

Hier wird dir angegeben mit welchen beiden Buchstaben das erste und das letzte Stichwort auf einer Seite beginnen.

Wenn es sich bei einem Stichwort um ein Nomen handelt, dann steht davor der bestimmte Artikel.

Bei einem Nomen sind immer der Singular und der Plural angegeben.

Die Nummer in der roten Kugel verweist auf den passenden Tipp auf den Seiten 204–227, mit dessen Hilfe du dir gut merken kannst, wie man das Wort schreibt.

Dieser senkrechte Strich zeigt dir an, wo du ein Wort trennen kannst.

---

ma – ma

der **Man|gel**, die Män|gel
man|gel|haft
der **Mann**, die Män|ner
männ|lich
die **Mann|schaft**,
die Mann|schaf|ten
der **Man|tel**, die Män|tel
der **Ma|ra|thon**, die Ma|ra|thons
das **Mär|chen**, die Mär|chen
der **Mar|der**, die Mar|der
die **Mar|ga|ri|ne**
die **Mar|ge|ri|te**,
die Mar|ge|ri|ten
Ma|riä Him|mel|fahrt
die **Ma|rio|net|te**,
die Ma|rio|net|ten
die **Mar|ke**, die Mar|ken
mar|kie|ren, du markierst
der **Markt**, die Märk|te
die **Mar|me|la|de**,
die Mar|me|la|den
der **Mars**
der **Marsch**, die Mär|sche
mar|schie|ren,
du marschierst
der **März**
das **Mar|zi|pan**
die **Ma|sche**, die Ma|schen

die **Ma|schi|ne**, die Ma|schi|nen
die **Ma|sern**
die **Mas|ke**, die Mas|ken •
sich **mas|kie|ren**,
du maskierst dich
das **Mas|kott|chen**,
die Mas|kott|chen •
das **Maß**, die Ma|ße
sie **maß** ◁ messen
die **Mas|sa|ge**, die Mas|sa|gen
die **Mas|se**, die Mas|sen
mas|sie|ren, du massierst
mä|ßig
mas|siv
die **Maß|nah|me**,
die Maß|nah|men
der **Maß|stab**, die Maß|stä|be ❹ •
der **Mast**, die Mas|ten – Mäs|te
mäs|ten, du mästest
das **Match**, die Matchs –
Mat|che – Mat|ches
das **Ma|te|ri|al**,
die Ma|te|ria|li|en
die **Ma|the|ma|tik** ❷
ma|the|ma|tisch
die **Mat|rat|ze**, die Mat|rat|zen
der **Mat|ro|se**, die Mat|ro|sen
die **Mat|ro|sin**,
die Mat|ro|sin|nen

135

So lernst du schnell und sicher nachschlagen

Schaue dir zuerst die Seiten 54 und 55 an. Dort wird erklärt, was du auf den Seiten im roten Teil findest, und wie die Zeichen und Bilder dir beim Suchen helfen.

1. Wenn der erste Buchstabe gleich ist, musst du auf den zweiten Buchstaben achten. Wenn der auch gleich ist, musst du auf den dritten Buchstaben schauen, …

   das Sofa • die Soße • der Sohn • die Socke • der Sommer • die Sonne • der Soldat • die Sorge

   So **a**

   So **b**

   So **c** ke

   So **d**

   So **e**

   So **f** a

   So **g**

   So **h** n

   …

   Schreibe zuerst die Liste zu Ende. Ordne dann die Wörter von oben deiner Liste zu.

2. Ordne die Wörter so, wie sie im Findefix hintereinander stehen und schreibe sie auf: kalt, das …

   kalt • der Krebs • klirren • das Kamel • kehren • komisch • kurz • die Klingen • der Kapitän • keine • kichern • kaputt • die Kreide • der Kies • die Kiste • die Kante • kommen • klatschen

3. Achtung: **ä** ist wie **a** eingeordnet, **ö** wie **o**, **ü** wie **u** und **äu** wie **au**.

Denke dir die Pünktchen einfach weg.

Ordne nach dem ABC und schreibe auf: älter, die …

älter • das Kleid • bringen • trödeln • hauen • der Betrug • der Käfer • der Körper • fort • backen • häufig • läuten • der Monteur • die Ärztin • betrübt • die Laus • die Bäckerei • böse • die Trommel

4. Suche folgende Wörter im roten Wörterverzeichnis und schreibe so auf: der Bär, Seite 69, …

der Bär • während • schmecken • der Fluss • treffen • beißen • viel • grüßen • die Vorfahrt • das Handy • sehr • häufig • der Pilz • wählen • die Ärztin • jung • wieder • das Ziel • kräftig

5. Wörter wie abgeben, hinfallen, weglaufen, verschieben oder vormachen findest du so nicht im Wörterbuch.

Sie bestehen aus einer Vorsilbe (ab hin weg ver vor) und einem Wort, das alleine im Wörterbuch steht (fallen, laufen, schieben, …).

Schreibe die folgenden Wörter mithilfe des Wörterbuchs vollständig auf:

able ▬ en

hinste ▬ en

wegr ▬ men

verl ▬ ben

vorse ▬ en

6. In deinem Findefix stehen die Pluralformen immer hinter den Singularformen. Suche die folgenden Pluralformen im Findefix.

die Pläne • die Ecken • die Hämmer • die Streifen • die Sümpfe • die Partys • die Türme

Schreibe so:
die Pläne, der Plan → Seite 148, …

7. Schlage diese zusammengesetzten Wörter im Findefix getrennt nach:

der Zirkusclown • die Tierärztin • der Fußballplatz • das Vogelnest • die Ritterrüstung • die Tischdecke • der Startschuss • das Marionettentheater

Schreibe so:

der Apfelsaft
der Apfel → Seite 64,
der Saft → Seite 159, …

Apfelsaft? der Apfel und der Saft

Tipps fürs Nachschlagen

Wenn du ein Wort im Findefix
nicht findest, kann es sein,
dass man es anders schreibt,
als du meinst. Das kann
mehrere Gründe haben.

Diese
Buchstaben können
gleich klingen:

ä und **e**	**b** und **p**	**c** und **z**	**g** und **k**
d und **t**	**f** und **v**	**c** und **k**	**v** und **w**

Auch Buchstabengruppen
können gleich klingen:

ap und **ab**	**at** und **ad**	**f** und **ph**
k und **ch**	**äu** und **eu**	**f** und **pf**

Wenn
ich **schp** höre,
schlage ich bei **sp**
nach.

Wenn ich **scht** höre,
schlage ich bei **st** nach.

sch und **sp**
sch und **st**

Englische Wörter

> Wörter aus anderen Sprachen werden häufig anders gesprochen als geschrieben.

ä
die **A**ction
der **A**irbag

au
out

dsch
die **J**eans **j**oggen
der **J**ob der **J**oker

gä
der **Ga**g
der **Ga**ngster

hä
happy

mä
das **Ma**tch

fä
fair
der **Fa**n

pu
der **Poo**l

lai
die **Li**vesendung

tsch
der **Ch**ampion
der **Ch**ip
checken

sä
das **Sa**ndwich

sch
der **Sh**eriff die **Sh**orts
das **Sh**irt die **Sh**ow

Französische Wörter

> Manchmal liegt es auch an den Regeln für das richtige Schreiben, dass man ein Wort anders schreibt, als du meinst. Tipps dazu findest du auf den Seiten 204 bis 227.

sch
der **Ch**ampignon sich **g**enieren
die **Ch**ance die **J**alousie
der **Ch**ef **j**onglieren
das **G**elee der **J**ournalist

der **Aal**, die Aa|le ❽

das **Aas**, die Aa|se

ab

ab|bie|gen, du biegst ab,
sie bog ab ❷

das **ABC** – Abc

der **Abend**, die Aben|de ❻

abends

das **Aben|teu|er**,
die Aben|teu|er

aben|teu|er|lich

aber

der **Aber|glau|be**
aber|gläu|bisch ❹

ab|fah|ren, du fährst ab,
er fuhr ab

die **Ab|fahrt**, die Ab|fahr|ten

der **Ab|fall**, die Ab|fäl|le ❺

der **Ab|ge|ord|ne|te**,
die Ab|ge|ord|ne|ten

die **Ab|ge|ord|ne|te**,
die Ab|ge|ord|ne|ten

der **Ab|grund**, die Ab|grün|de

ab|hän|gig

sich **ab|här|ten**,
du härtest dich ab

ab|ho|len, du holst ab

das **Abi|tur**

ab|kür|zen, du kürzt ab

die **Ab|kür|zung**,
die Ab|kür|zun|gen ❼

ab|leh|nen, du lehnst ab

ab|neh|men, du nimmst ab,
sie nahm ab

abon|nie|ren, du abonnierst

der **Ab|satz**, die Ab|sät|ze

ab|scheu|lich

der **Ab|schied**, die Ab|schie|de

ab|schlie|ßen, du schließt
ab, er schloss ab

ab|schnei|den,
du schneidest ab,
sie schnitt ab

der **Ab|schnitt**, die Ab|schnit|te

ab|seits

der **Ab|sen|der**, die Ab|sen|der

die **Ab|sicht**, die Ab|sich|ten

ab|sicht|lich ❸

ab|so|lut

der **Ab|stand**, die Ab|stän|de ❻

ab|stim|men, du stimmst ab

ab|stür|zen, du stürzt ab

das **Ab|teil**, die Ab|tei|le

die **Ab**|**tei**|**lung**,
   die Ab|tei|lun|gen
   ab|**wärts**
sich **ab**|**wech**|**seln**,
   sie wechseln sich ab
   ab|**wech**|**selnd**
   ab|**we**|**send**
   ab|**zie**|**hen**, du ziehst ab,
   sie zog ab
die **Ab**|**zwei**|**gung**,
   die Ab|zwei|gun|gen **7**
   ach
die **Ach**|**se**, die Ach|sen
die **Ach**|**sel**, die Ach|seln
   acht
   acht|**mal**
   ach|**ten**, du achtest
   acht|**ge**|**ben** – Acht
   geben, du gibst
   acht – du gibst Acht,
   er gab acht – er gab Acht
die **Ach**|**tung**
   acht|**zig**
   äch|**zen**, du ächzt
der **Acker**, die Äcker **4**
die **Ac**|**tion**
   ad|**die**|**ren**, du addierst
die **Ad**|**di**|**ti**|**on**, die Ad|di|tio|nen
   ade

die **Ader**, die Adern
das **Ad**|**jek**|**tiv**, die Ad|jek|ti|ve
der **Ad**|**ler**, die Ad|ler
   adop|**tie**|**ren**, du adoptierst
die **Ad**|**res**|**se**, die Ad|res|sen
der **Ad**|**vent**
der **Af**|**fe**, die Af|fen
   Af|**ri**|**ka**
   ag|**gres**|**siv**
   aha
   ah|**nen**, du ahnst
   ähn|**lich**
die **Ähn**|**lich**|**keit**,
   die Ähn|lich|kei|ten **3**
die **Ah**|**nung**, die Ah|nun|gen
   ahoi
der **Ahorn**, die Ahor|ne
die **Äh**|**re**, die Äh|ren
das **Aids**
das **Ak**|**kor**|**de**|**on**,
   die Ak|kor|de|ons
der **Ak**|**ku**, die Ak|kus
der **Ak**|**ku**|**sa**|**tiv**
der **Ak**|**ro**|**bat**, die Ak|ro|ba|ten
die **Ak**|**ro**|**ba**|**tin**,
   die Ak|ro|ba|tin|nen
die **Ak**|**te**, die Ak|ten
die **Ak**|**ti**|**on**, die Ak|tio|nen
   ak|**tiv**

B
C
D
E
F
G
H
I
J
K
L
M
N
O
P
Q
R
S
T
U
V
W
X
Y
Z

ak|tu|ell

ak|zep|tie|ren,
du akzeptierst

der **Alarm**, die Alar|me

alar|mie|ren, du alarmierst

Al|ba|ni|en

al|bern

der **Alb|traum** – Alp|traum,
die Alb|träu|me –
Alp|träu|me

das **Al|bum**, die Al|ben

der **Al|ko|hol**

das **All**

Al|lah

al|le ❷

die **Al|lee**, die Al|le|en

al|lein

al|ler|dings

die **Al|ler|gie**, die Al|ler|gi|en

al|ler|hand

Al|ler|hei|li|gen

al|les

all|ge|mein

all|mäh|lich

der **All|tag** ❺

die **Alm**, die Al|men

die **Al|pen**

das **Al|pha|bet**,
die Al|pha|be|te ❽

al|pha|be|tisch

der **Alp|traum** – Alb|traum,
die Alp|träu|me –
Alb|träu|me

als

al|so

alt, älter, am ältesten

der **Al|tar**, die Al|tä|re

das **Al|ter**

äl|ter, am ältesten ◁ alt

al|ter|na|tiv

die **Al|ter|na|ti|ve**,
die Al|ter|na|ti|ven

die **Alu|fo|lie**, die Alu|fo|li|en

das **Alu|mi|ni|um**

am

der **Ama|teur**, die Ama|teu|re

die **Ama|teu|rin**,
die Ama|teu|rin|nen

die **Amei|se**, die Amei|sen

amen

Ame|ri|ka ❶

die **Am|pel**, die Am|peln

die **Am|sel**, die Am|seln

das **Amt**, die Äm|ter

sich **amü|sie|ren**,
du amüsierst dich

an

die **Ana|nas**, die Ana|nas|se

an|bie|ten, du bietest an,
sie bot an ❷

der An|blick, die An|bli|cke

an|däch|tig

das An|den|ken, die An|den|ken

an|de|re

än|dern, du änderst

an|ders

an|ders|he|rum –
an|ders|rum

An|dor|ra

an|ei|nan|der

der An|fall, die An|fäl|le

der An|fang, die An|fän|ge

an|fan|gen, du fängst an,
er fing an

an|fangs

an|fas|sen, du fasst an

das An|füh|rungs|zei|chen,
die An|füh|rungs|zei|chen

an|ge|ben, du gibst an,
sie gab an

an|geb|lich

das An|ge|bot, die An|ge|bo|te

die An|gel, die An|geln

an|geln, du angelst

an|ge|nehm

der An|ge|stell|te,
die An|ge|stell|ten

die An|ge|stell|te,
die An|ge|stell|ten

sich an|ge|wöh|nen,
du gewöhnst dir an

die An|ge|wohn|heit,
die An|ge|wohn|hei|ten ❼

an|grei|fen, du greifst an,
er griff an

der An|griff, die An|grif|fe

die Angst, die Ängs|te

ängst|lich ❹

an|hal|ten, du hältst an,
sie hielt an

der An|hän|ger, die An|hän|ger

an|häng|lich

der An|ker, die An|ker

an|kla|gen, du klagst an

an|kom|men, du kommst an,
sie kam an

an|kreu|zen, du kreuzt an

die An|kunft, die An|künf|te

der An|lauf, die An|läu|fe

die An|nah|me, die An|nah|men

an|neh|men, du nimmst an,
er nahm an

der Ano|rak, die Ano|raks

der An|ruf, die An|ru|fe ❶

an|ru|fen, du rufst an,
sie rief an

an|sa|gen, du sagst an
an|schau|en, du schaust an
an|schei|nend
an|schlie|ßend
der An|schluss,
die An|schlüs|se
sich an|schnal|len,
du schnallst dich an ❺
die An|schrift, die An|schrif|ten
an|se|hen, du siehst an,
er sah an
an|sons|ten
der An|stand
an|stän|dig
an|star|ren, du starrst an
an|statt
an|ste|cken, du steckst an
an|ste|ckend
sich an|stel|len,
du stellst dich an
der An|stoß, die An|stö|ße
sich an|stren|gen,
du strengst dich an
an|stren|gend
die An|ten|ne, die An|ten|nen
der An|trag, die An|trä|ge
die Ant|wort, die Ant|wor|ten
ant|wor|ten, du antwortest
der An|walt, die An|wäl|te

die An|wäl|tin,
die An|wäl|tin|nen ❸
an|wen|den, du wendest an,
er wandte an
an|we|send
die An|zahl, die An|zah|len
die An|zei|ge, die An|zei|gen
an|zie|hen, du ziehst an,
sie zog an
der An|zug, die An|zü|ge ❻
an|zün|den, du zündest an
der Ap|fel, die Äp|fel
das Ap|fel|mus
die Ap|fel|si|ne,
die Ap|fel|si|nen
die Apo|the|ke, die Apo|the|ken
der Ap|pa|rat, die Ap|pa|ra|te
der Ap|pe|tit
ap|pe|tit|lich
der Ap|plaus
die Ap|ri|ko|se, die Ap|ri|ko|sen
der Ap|ril
das Aqua|ri|um, die Aqua|ri|en
der Äqua|tor ❽
die Ar|beit, die Ar|bei|ten
ar|bei|ten, du arbeitest
ar|beits|los
der Ar|chi|tekt,
die Ar|chi|tek|ten

die **Ar|chi|tek|tin**,
    die Ar|chi|tek|tin|nen
    arg, ärger, am ärgsten
    är|ger, am ärgsten ◁ arg
der **Är|ger**
    är|ger|lich
    är|gern, du ärgerst
das **Ar|gu|ment**,
    die Ar|gu|men|te
    ar|gu|men|tie|ren,
    du argumentierst ❷
    arm, ärmer, am ärmsten
der **Arm**, die Ar|me
der **Är|mel**, die Är|mel
    är|mer, am ärmsten ◁ arm
der **Arm|reif**, die Arm|rei|fe
die **Ar|mut**
die **Art**, die Ar|ten
    ar|tig
der **Ar|ti|kel**, die Ar|ti|kel
der **Ar|tist**, die Ar|tis|ten
die **Ar|tis|tin**, die Ar|tis|tin|nen
die **Arz|nei**, die Arz|nei|en
der **Arzt**, die Ärz|te
die **Ärz|tin**, die Ärz|tin|nen
die **Asche** ❶
    Asi|en
der **As|phalt**, die As|phal|te
das **Ass**, die As|se

    sie **aß** ◁ essen
der **As|sis|tent**,
    die As|sis|ten|ten
die **As|sis|ten|tin**,
    die As|sis|ten|tin|nen
der **Ast**, die Äs|te
die **As|ter**, die As|tern
das **Asth|ma**
der **Ast|ro|naut**,
    die Ast|ro|nau|ten ❼
die **Ast|ro|nau|tin**,
    die Ast|ro|nau|tin|nen
das **Asyl**, die Asy|le
der **Atem**
    atem|los
der **Ath|let**, die Ath|le|ten
die **Ath|le|tin**,
    die Ath|le|tin|nen
der **At|lan|tik**
der **At|las**,
    die At|lan|ten – At|las|se
    at|men, du atmest
die **At|mo|sphä|re**,
    die At|mo|sphä|ren ❽
das **Atom**, die Ato|me
das **Atom|kraft|werk**,
    die Atom|kraft|wer|ke
die **At|ta|cke**, die At|ta|cken
das **At|test**, die At|tes|te

die **At|trak|ti|on,**
die At|trak|tio|nen
at|trak|tiv
au
aua
die **Au|ber|gi|ne,**
die Au|ber|gi|nen
auch
auf
auf|bau|en, du baust auf
auf|dring|lich ❸
auf|ei|nan|der
der **Auf|ent|halt,**
die Auf|ent|hal|te
auf|fal|len, du fällst auf,
er fiel auf
auf|fäl|lig ❹
auf|for|dern,
du forderst auf
die **Auf|ga|be,** die Auf|ga|ben
auf|ge|ben, du gibst auf,
sie gab auf
auf|ge|regt
auf|grund – auf Grund
auf|hän|gen, du hängst auf,
er hing auf
auf|hö|ren, du hörst auf
sich **auf|lö|sen**, es löst sich auf
auf|merk|sam

die **Auf|merk|sam|keit,**
die Auf|merk|sam|kei|ten
die **Auf|nah|me,**
die Auf|nah|men
auf|neh|men, du nimmst auf,
sie nahm auf
auf|pas|sen, du passt auf
auf|räu|men, du räumst auf
sich **auf|re|gen,**
du regst dich auf
auf|re|gend
der **Auf|satz**, die Auf|sät|ze
auf|schrei|ben, du schreibst
auf, er schrieb auf
die **Auf|sicht**, die Auf|sich|ten
auf|ste|hen, du stehst auf,
er stand auf
der **Auf|trag**, die Auf|trä|ge ❻
auf|tre|ten, du trittst auf,
sie trat auf
der **Auf|tritt**, die Auf|trit|te ❺
auf|wa|chen,
du wachst auf
auf|wärts
auf|we|cken, du weckst auf
der **Auf|zug**, die Auf|zü|ge
das **Au|ge**, die Au|gen ❶
der **Au|gen|blick,**
die Au|gen|bli|cke

die **Au|gen|braue**,
die Au|gen|brau|en
das **Au|gen|lid**, die Au|gen|li|der
der **Au|gust**
die **Au|la**, die Au|las – Au|len
aus
aus|bes|sern,
du besserst aus
die **Aus|bil|dung**,
die Aus|bil|dun|gen ❸
aus|brei|ten, du breitest aus
die **Aus|dau|er**
der **Aus|druck**, die Aus|drü|cke
aus|dru|cken,
du druckst aus
aus|drück|lich
aus|ei|nan|der
der **Aus|flug**, die Aus|flü|ge
aus|führ|lich
die **Aus|ga|be**, die Aus|ga|ben
der **Aus|gang**, die Aus|gän|ge
aus|ge|ben, du gibst aus,
er gab aus
aus|ge|rech|net
aus|ge|zeich|net
aus|gie|big
der **Aus|gleich**, die Aus|glei|che
aus|hal|ten, du hältst aus,
sie hielt aus

die **Aus|kunft**, die Aus|künf|te
das **Aus|land**
der **Aus|län|der**,
die Aus|län|der ❹
die **Aus|län|de|rin**,
die Aus|län|de|rin|nen
aus|län|disch
aus|lee|ren, du leerst aus
aus|lei|hen, du leihst aus,
er lieh aus
sich **aus|log|gen**,
du loggst dich aus
die **Aus|nah|me**,
die Aus|nah|men
aus|nahms|wei|se
die **Aus|re|de**, die Aus|re|den
aus|rei|chend
aus|rei|ßen, du reißt aus,
sie riss aus
die **Aus|sa|ge**, die Aus|sa|gen
der **Aus|schlag**,
die Aus|schlä|ge
aus|schließ|lich
au|ßen ❽
au|ßer
au|ßer|dem
au|ßer|halb
sich **äu|ßern**, du äußerst dich
au|ßer|or|dent|lich

äu|ßerst
der **Aus|ruf**, die Aus|ru|fe
das **Aus|ru|fe|zei|chen**,
die Aus|ru|fe|zei|chen
aus|se|hen, du siehst aus,
er sah aus
die **Aus|sicht**, die Aus|sich|ten
aus|sichts|los
aus|stel|len, du stellst aus
die **Aus|stel|lung**,
die Aus|stel|lun|gen ❼
aus|ster|ben, es stirbt aus,
es starb aus
Aust|ra|li|en
die **Aus|wahl**
aus|wäh|len, du wählst aus

aus|wärts
der **Aus|weis**, die Aus|wei|se
aus|wen|dig
der **Aus|zu|bil|den|de**,
die Aus|zu|bil|den|den ❷
die **Aus|zu|bil|den|de**,
die Aus|zu|bil|den|den
das **Au|to**, die Au|tos
das **Au|to|gramm**,
die Au|to|gram|me ❺
der **Au|to|mat**, die Au|to|ma|ten
au|to|ma|tisch
der **Au|tor**, die Au|to|ren
die **Au|to|rin**, die Au|to|rin|nen
die **Avo|ca|do**, die Avo|ca|dos
die **Axt**, die Äx|te

das **Ba|by**, die Ba|bys
der **Bach**, die Bä|che
die **Ba|cke**, die Ba|cken
ba|cken, du backst – bäckst
die **Bä|cke|rei**,die Bä|cke|rei|en
das **Bad**, die Bä|der ❻

der **Ba|de|an|zug**,
die Ba|de|an|zü|ge
die **Ba|de|ho|se**,
die Ba|de|ho|sen
ba|den, du badest
Ba|den-Würt|tem|berg

die **Ba|de|wan|ne**,
　die Ba|de|wan|nen
der **Bag|ger**, die Bag|ger ❺
　bag|gern, du baggerst
die **Bahn**, die Bah|nen
der **Bahn|hof**, die Bahn|hö|fe
der **Bahn|steig**,
　die Bahn|stei|ge
die **Bak|te|rie**, die Bak|te|ri|en
　ba|lan|cie|ren,
　du balancierst
　bald
der **Bal|ken**, die Bal|ken
der **Bal|kon**,
　die Bal|ko|ne – Bal|kons
der **Ball**, die Bäl|le
das **Bal|lett**, die Bal|let|te
der **Bal|lon**,
　die Bal|lo|ne – Bal|lons
die **Ba|na|ne**, die Ba|na|nen ❶
das **Band** (z.B. Geschenkband),
　die Bän|der
der **Band** (Buch), die Bän|de
die **Band** (Musikgruppe),
　die Bands
sie **band** ◁ binden
die **Ban|de**, die Ban|den
die **Bank** (z.B. die Parkbank),
　die Bän|ke

die **Bank** (Geldinstitut),
　die Ban|ken
bar
die **Bar**, die Bars
der **Bär**, die Bä|ren
die **Ba|ra|cke**, die Ba|ra|cken
　bar|fuß ❽
er **barg** ◁ bergen ❻
das **Bar|geld**
　Bar-Miz|wa
das **Ba|ro|me|ter**,
　die Ba|ro|me|ter
der **Bar|ren**, die Bar|ren
　bar|rie|re|frei
der **Barsch**, die Bar|sche
der **Bart**, die Bär|te
das **Ba|si|li|kum**
der **Bas|ket|ball**,
　die Bas|ket|bäl|le
der **Bass**, die Bäs|se
　bas|teln, du bastelst
sie **bat** ◁ bitten
die **Bat|te|rie**, die Bat|te|ri|en ❷
der **Bau**, die Bau|ten
der **Bauch**, die Bäu|che
der **Bauch|na|bel**,
　die Bauch|na|bel
　bau|en, du baust
der **Bau|er**, die Bau|ern

A
B
C
D
E
F
G
H
I
J
K
L
M
N
O
P
Q
R
S
T
U
V
W
X
Y
Z

die **Bäue|rin**,
die Bäue|rin|nen ❹
bau|fäl|lig
der **Baum**, die Bäu|me
bau|meln, du baumelst
der **Bau|stein**, die Bau|stei|ne
die **Bau|stel|le**, die Bau|stel|len
Bay|ern
be|ach|ten, du beachtest
der **Bea|mer**, die Bea|mer
der **Be|am|te**, die Be|am|ten
die **Be|am|tin**, die Be|am|tin|nen
be|an|tra|gen, du beantragst
be|ant|wor|ten,
du beantwortest
be|ar|bei|ten, du bearbeitest
be|ben, du bebst
der **Be|cher**, die Be|cher
das **Be|cken**, die Be|cken
be|däch|tig ❸
sich **be|dan|ken**,
du bedankst dich
der **Be|darf**
be|dau|er|lich
be|dau|ern, du bedauerst
be|deu|ten, es bedeutet
be|deu|tend
die **Be|deu|tung**,
die Be|deu|tun|gen

die **Be|die|nung**,
die Be|die|nun|gen ❼
die **Be|din|gung**,
die Be|din|gun|gen
be|dro|hen, du bedrohst
be|droh|lich
das **Be|dürf|nis**,
die Be|dürf|nis|se
sich **be|ei|len**, du beeilst dich
be|ein|dru|ckend
be|ein|druckt
be|ein|flus|sen,
du beeinflusst
be|en|den, du beendest
die **Be|er|di|gung**,
die Be|er|di|gun|gen
die **Bee|re**, die Bee|ren
das **Beet**, die Bee|te
er **be|fahl** ◁ befehlen
er **be|fand** sich ◁ sich befinden
der **Be|fehl**, die Be|feh|le
be|feh|len, du befiehlst,
er befahl
du **be|fiehlst** ◁ befehlen
sich **be|fin|den**, du befindest
dich, er befand sich
be|fra|gen, du befragst
be|freun|det
be|frie|di|gend

be|fruch|ten, sie befruchtet

be|fürch|ten, du befürchtest

be|gabt

die Be|ga|bung,
die Be|ga|bun|gen

er be|gann ◁ beginnen

be|geg|nen, du begegnest

die Be|geg|nung,
die Be|geg|nun|gen

be|geis|tert

be|gin|nen, du beginnst,
er begann

be|glei|ten, du begleitest

be|glück|wün|schen,
du beglückwünschst

das Be|gräb|nis,
die Be|gräb|nis|se ❸

be|grei|fen, du begreifst,
sie begriff

sie be|griff ◁ begreifen

der Be|griff, die Be|grif|fe

be|grün|den, du begründest

be|grü|ßen, du begrüßt

be|haart ❽

be|hag|lich

be|hal|ten, du behältst,
er behielt

der Be|häl|ter, die Be|häl|ter

du be|hältst ◁ behalten ❹

be|han|deln, du behandelst

die Be|hand|lung,
die Be|hand|lun|gen

be|harr|lich

be|haup|ten, du behauptest

sich be|herr|schen,
du beherrschst dich

be|herzt

er be|hielt ◁ behalten

be|hilf|lich ❷

be|hin|dern, du behinderst

die Be|hin|de|rung,
die Be|hin|de|run|gen

die Be|hör|de, die Be|hör|den

be|hü|ten, du behütest

be|hut|sam

bei

bei|brin|gen, du bringst bei,
sie brachte bei

beich|ten, du beichtest

bei|de

der Bei|fall

beige

das Beil, die Bei|le

das Bein, die Bei|ne ❶

bei|nah – bei|na|he

bei|sam|men

bei|sei|te

das Bei|spiel, die Bei|spie|le

71

bei|spiels|wei|se (bspw.)

bei|ßen, du beißt, er biss

der Bei|trag, die Bei|trä|ge

sie be|kam ◁ bekommen

be|kämp|fen, du bekämpfst

be|kannt

sich be|kle|ckern,
    du bekleckerst dich

die Be|klei|dung

be|kom|men, du bekommst,
    sie bekam

der Be|lag, die Be|lä|ge

be|las|ten, du belastest

be|läs|ti|gen, du belästigst

be|lei|di|gen, du beleidigst

be|lei|digt

be|leuch|ten,
    du beleuchtest

die Be|leuch|tung,
    die Be|leuch|tun|gen ❼

Bel|gi|en

be|liebt

bel|len, er bellt

be|loh|nen, du belohnst

be|mer|ken, du bemerkst

die Be|mer|kung,
    die Be|mer|kun|gen

sich be|mü|hen,
    du bemühst dich

be|nach|rich|ti|gen,
    du benachrichtigst

er be|nahm sich ◁ sich
    benehmen

sich be|neh|men, du benimmst
    dich, er benahm sich

be|nei|den, du beneidest

du be|nimmst dich ◁ sich
    benehmen

be|nom|men ❺

be|nö|ti|gen, du benötigst

be|nut|zen, du benutzt

das Ben|zin, die Ben|zi|ne

be|ob|ach|ten,
    du beobachtest

die Be|ob|ach|tung,
    die Be|ob|ach|tun|gen

be|quem

be|ra|ten, du berätst,
    sie beriet

du be|rätst ◁ beraten

be|rech|nen, du berechnest

be|rech|tigt

der Be|reich, die Be|rei|che

be|reit

be|rei|ten, du bereitest

be|reits

be|reu|en, du bereust

der Berg, die Ber|ge ❻

berg|ab
berg|auf
ber|gen, du birgst, er barg
ber|gig
die Ber|gung, die Ber|gun|gen
der Be|richt, die Be|rich|te
be|rich|ten, du berichtest
be|rie|seln, du berieselst
sie be|riet ◁ beraten
Ber|lin
be|rüch|tigt
be|rück|sich|ti|gen,
du berücksichtigst
der Be|ruf, die Be|ru|fe
be|ruf|lich
be|rufs|tä|tig ❸
be|ru|hi|gen, du beruhigst
be|ru|higt
be|rühmt ❽
be|rüh|ren, du berührst
die Be|rüh|rung,
die Be|rüh|run|gen
er be|sann sich
◁ sich besinnen
sie be|saß ◁ besitzen
be|schä|di|gen,
du beschädigst ❹
sich be|schäf|ti|gen,
du beschäftigst dich

be|schäf|tigt
die Be|schäf|ti|gung,
die Be|schäf|ti|gun|gen
Be|scheid sagen,
du sagst Bescheid
be|schei|den
be|schei|ni|gen,
du bescheinigst
die Be|schei|ni|gung,
die Be|schei|ni|gun|gen
die Be|sche|rung,
die Be|sche|run|gen ❼
be|schleu|ni|gen,
du beschleunigst
be|schlie|ßen,
du beschließt, er beschloss
er be|schloss ◁ beschließen
be|schlos|sen
der Be|schluss,
die Be|schlüs|se
be|schmut|zen,
du beschmutzt
be|schrei|ben,
du beschreibst
be|schrif|ten,
du beschriftest
be|schul|di|gen,
du beschuldigst
be|schüt|zen, du beschützt

die **Be|schwer|de**,
    die Be|schwer|den

sich **be|schwe|ren**,
    du beschwerst dich

be|sei|ti|gen, du beseitigst

der **Be|sen**, die Be|sen ❶

be|ses|sen

be|setzt

be|sich|ti|gen,
    du besichtigst

sich **be|sin|nen**, du besinnst
    dich, er besann sich ❷

be|sit|zen, du besitzt,
    sie besaß

be|son|ders

be|sor|gen, du besorgst

er **be|sprach** ◁ besprechen

be|spre|chen, du besprichst,
    er besprach

die **Be|spre|chung**,
    die Be|spre|chun|gen

du **be|sprichst** ◁ besprechen

bes|ser, am besten ◁ gut

sie **be|stand** ◁ bestehen

be|stan|den

be|stä|ti|gen, du bestätigst

be|stäu|ben, sie bestäubt

die **Be|stäu|bung**,
    die Be|stäu|bun|gen

das **Be|steck**, die Be|ste|cke ❺

be|ste|hen, du bestehst,
    sie bestand

be|stel|len, du bestellst

die **Be|stel|lung**,
    die Be|stel|lun|gen

am **bes|ten** ◁ gut

die **Bes|tie**, die Bes|ti|en

be|stim|men, du bestimmst

be|stimmt

be|stra|fen, du bestrafst

der **Best|sel|ler**, die Best|sel|ler

be|su|chen, du besuchst

der **Be|such**, die Be|su|che

be|täubt

die **Be|täu|bung**,
    die Be|täu|bun|gen

sich **be|tei|li|gen**,
    du beteiligst dich

be|ten, du betest

der **Be|ton**

be|to|nen, du betonst

be|trach|ten, du betrachtest

der **Be|trag**, die Be|trä|ge

er **be|trat** ◁ betreten

be|tre|ten, du betrittst,
    er betrat

be|treu|en, du betreust

der **Be|trieb**, die Be|trie|be ❻

du **be|trittst** ◁ betreten

sie **be|trog** ◁ betrügen

be|trübt

der **Be|trug**

be|trü|gen, du betrügst, sie betrog

das **Bett**, die Bet|ten

bet|teln, du bettelst

die **Beu|le**, die Beu|len

be|ur|tei|len, du beurteilst

die **Beu|te**, die Beu|ten

der **Beu|tel**, die Beu|tel

die **Be|völ|ke|rung**, die Be|völ|ke|run|gen

be|vor ❸

be|vor|zu|gen, du bevorzugst

er **be|warb** sich ◁ sich bewerben

sich **be|we|gen**, du bewegst dich

be|weg|lich

die **Be|we|gung**, die Be|we|gun|gen

der **Be|weis**, die Be|wei|se

be|wei|sen, du beweist, sie bewies

sich **be|wer|ben**, du bewirbst dich, er bewarb sich

die **Be|wer|bung**, die Be|wer|bun|gen

sie **be|wies** ◁ beweisen

du **be|wirbst** dich ◁ sich bewerben

be|woh|nen, du bewohnst

be|wölkt

die **Be|wöl|kung**

be|wun|dern, du bewunderst

be|wusst|los

be|zah|len, du bezahlst

die **Be|zie|hung**, die Be|zie|hun|gen

be|zie|hungs|wei|se (bzw.)

der **Be|zirk**, die Be|zir|ke

der **Be|zug**, die Be|zü|ge ❻

bib|bern, du bibberst

die **Bi|bel**, die Bi|beln

der **Bi|ber**, die Bi|ber ❽

die **Bib|lio|thek**, die Bib|lio|the|ken

bie|gen, du biegst, sie bog

bieg|sam

die **Bie|ne**, die Bie|nen

das **Bier**, die Bie|re

das **Biest**, die Bies|ter

bie|ten, du bietest, er bot ❷

der **Bi|ki|ni**, die Bi|ki|nis

das **Bild**, die Bil|der

A
B
C
D
E
F
G
H
I
J
K
L
M
N
O
P
Q
R
S
T
U
V
W
X
Y
Z

bil|den, du bildest

der **Bild|schirm**,
die Bild|schir|me

die **Bil|dung**

bil|lig

ich **bin**, du bist, er war ◁ sein

die **Bin|de**, die Bin|den

bin|den, du bindest, sie band

der **Bin|de|strich**,
die Bin|de|stri|che

die **Bin|dung**, die Bin|dun|gen

die **Bio|lo|gie**

das **Bio|top** – der Bio|top,
die Bio|to|pe

du **birgst** ◁ bergen

die **Bir|ke**, die Bir|ken

die **Bir|ne**, die Bir|nen

bis

der **Bi|schof**, die Bi|schö|fe

die **Bi|schö|fin**,
die Bi|schö|fin|nen

bis|her

der **Biss**, die Bis|se

er **biss** ◁ beißen

biss|chen

bis|sig

du **bist**, du warst ◁ sein

die **Bit|te**, die Bit|ten

bit|ten, du bittest, sie bat

bit|ter

die **Bla|ma|ge**, die Bla|ma|gen

sich **bla|mie|ren**,
du blamierst dich

blank

die **Bla|se**, die Bla|sen ❶

bla|sen, du bläst, sie blies

blass

du **bläst** ◁ blasen

das **Blatt**, die Blät|ter ❹

blät|tern, du blätterst

blau

die **Blau|bee|re**,
die Blau|bee|ren

das **Blech**, die Ble|che

blei|ben, du bleibst, er blieb

bleich

der **Blei|stift**, die Blei|stif|te

blen|den, du blendest

der **Blick**, die Bli|cke

bli|cken, du blickst

er **blieb** ◁ bleiben

sie **blies** ◁ blasen

blind

der **Blind|darm**,
die Blind|där|me

blin|ken, du blinkst

blin|zeln, du blinzelst

der **Blitz**, die Blit|ze ❺

blitz|**blank**
blit|**zen**, es blitzt
der **Block**, die Blö|cke ❼
blöd
der **Blöd**|**sinn**
blond
bloß ❽
blub|**bern**, es blubbert
blü|**hen**, es blüht ❷
die **Blu**|**me**, die Blu|men
die **Blu**|**se**, die Blu|sen
das **Blut**
die **Blü**|**te**, die Blü|ten
blu|**ten**, du blutest
blu|**tig**
der **Bob**, die Bobs
der **Bock**, die Bö|cke ❺
bo|**ckig**
der **Bo**|**den**, die Bö|den
sie **bog** ◁ biegen
der **Bo**|**gen**, die Bo|gen – Bö|gen
die **Boh**|**ne**, die Boh|nen
boh|**ren**, du bohrst
die **Bo**|**je**, die Bo|jen
die **Bom**|**be**, die Bom|ben
der **Bom**|**mel**, die Bom|mel
der **Bon**|**bon** – das Bon|bon,
die Bon|bons ❶
das **Boot**, die Boo|te

das **Bord** (z.B. Bücherbrett),
die Bor|de
der **Bord** (z.B. Schiff), die Bor|de
bor|**gen**, du borgst
die **Bors**|**te**, die Bors|ten
bö|**se**
die **Bö**|**schung**,
die Bö|schun|gen
bos|**haft**
die **Bos**|**heit**, die Bos|hei|ten ❼
Bos|**ni**|**en**
der **Boss**, die Bos|se
er **bot** ◁ bieten
der **Bo**|**te**, die Bo|ten
die **Bo**|**tin**, die Bo|tin|nen
die **Bot**|**schaft**, die Bot|schaf|ten
bo|**xen**, du boxt
er **brach** ◁ brechen
sie **brach**|**te** ◁ bringen
der **Brand**, die Brän|de ❻
Bran|**den**|**burg**
die **Bran**|**dung**,
die Bran|dun|gen
es **brann**|**te** ◁ brennen
bra|**ten**, du brätst, er briet
der **Bra**|**ten**, die Bra|ten
die **Brat**|**sche**, die Brat|schen
du **brätst** ◁ braten
der **Brauch**, die Bräu|che

brau|chen, du brauchst
brau|en, du braust
die Braue|rei, die Braue|rei|en
braun
bräu|nen, du bräunst
die Brau|se, die Brau|sen
brau|sen, du braust
die Braut, die Bräu|te ❹
der Bräu|ti|gam,
   die Bräu|ti|ga|me
brav
bra|vo
bre|chen, du brichst,
   er brach
der Brei, die Breie
breit
die Brei|te, die Brei|ten
Bre|men
die Brem|se, die Brem|sen
brem|sen, du bremst
bren|nen, es brennt,
   es brannte
die Brenn|nes|sel,
   die Brenn|nes|seln ❸
brenz|lig
das Brett, die Bret|ter
die Bre|zel, die Bre|zeln
du brichst ◁ brechen
der Brief, die Brie|fe

er briet ◁ braten
die Bril|le, die Bril|len
brin|gen, du bringst,
   sie brachte
die Bri|se, die Bri|sen
brö|ckeln, es bröckelt
der Bro|cken, die Bro|cken
der Brok|ko|li, die Brok|ko|lis
die Brom|bee|re,
   die Brom|bee|ren
die Bron|ze
das Brot, die Bro|te
das Bröt|chen, die Bröt|chen
der Bruch, die Brü|che
die Brü|cke, die Brü|cken
der Bru|der, die Brü|der
brül|len, du brüllst
brum|men, du brummst
brum|mig
der Brunch, die Brun|che –
   Brun|ches – Brunchs
der Brun|nen, die Brun|nen
die Brust, die Brüs|te
die Brut
bru|tal
die Bru|ta|li|tät,
   die Bru|ta|li|tä|ten
brü|ten, du brütest
brut|zeln, es brutzelt

bspw. (beispielsweise)
der **Bub**, die Bu|ben
das **Buch**, die Bü|cher
die **Bu|che**, die Bu|chen
die **Bü|che|rei**,
die Bü|che|rei|en
die **Büch|se**, die Büch|sen
der **Buch|sta|be**,
die Buch|sta|ben
buch|sta|bie|ren,
du buchstabierst
die **Bucht**, die Buch|ten
die **Buch|se**, die Buch|sen
der **Bu|ckel**, die Bu|ckel
sich **bü|cken**, du bückst dich
bud|deln, du buddelst
der **Bud|dhis|mus**
bud|dhis|tisch
die **Bu|de**, die Bu|den
der **Büf|fel**, die Büf|fel
der **Bü|gel**, die Bü|gel
bü|geln, du bügelst
der **Bug|gy**, die Bug|gys
bu|hen, du buhst
die **Büh|ne**, die Büh|nen
Bul|ga|ri|en
der **Bul|gur**
der **Bull|dog**, die Bull|dogs
der **Bul|le**, die Bul|len

der **Bu|me|rang**,
die Bu|me|rangs –
Bu|me|ran|ge
bum|meln, du bummelst ❺
das **Bund** (z.B. Möhren),
die Bun|de ❻
der **Bund** (z.B. Geheimbund),
die Bün|de
das **Bün|del**, die Bün|del
der **Bun|des|kanz|ler**,
die Bun|des|kanz|ler
die **Bun|des|kanz|le|rin**,
die Bun|des|kanz|le|rin|nen
das **Bun|des|land**,
die Bun|des|län|der ❹
die **Bun|des|li|ga**
die **Bun|des|re|pub|lik**
die **Bun|des|wehr**
bunt
der **Bunt|stift**, die Bunt|stif|te ❸
die **Burg**, die Bur|gen
der **Bür|ger**, die Bür|ger
die **Bür|ge|rin**,
die Bür|ge|rin|nen ❼
der **Bür|ger|meis|ter**,
die Bür|ger|meis|ter
die **Bür|ger|meis|te|rin**,
die Bür|ger|meis|te|rin|nen
das **Bü|ro**, die Bü|ros

die **Bü|ro|klam|mer,**
   die Bü|ro|klam|mern
der **Bur|sche,** die Bur|schen
die **Bürs|te,** die Bürs|ten
   bürs|ten, du bürstest
der **Bus,** die Bus|se
der **Busch,** die Bü|sche
der **Bu|sen,** die Bu|sen ❶

die **Bus|hal|te|stel|le,**
   die Bus|hal|te|stel|len
der **Bus|sard,** die Bus|sar|de
   Buß- und Bet|tag
die **Bu|ße,** die Bu|ßen
   bü|ßen, du büßt
die **But|ter**
   bzw. (beziehungsweise)

ca. (circa – zirka)
das **Cab|rio,** die Cab|ri|os
das **Ca|fé,** die Ca|fés
   cam|pen, du campst
der **Cam|ping|platz,**
   die Cam|ping|plät|ze
die **CD,** die CDs
der **CD-Play|er,** die CD-Play|er
die **CD-ROM,** die CD-ROMs
das **Cel|lo,** die Cel|li – Cel|los
   Cel|si|us (z.B. 5 °C)
der **Cent,** die Cents (z.B. 10 ct)
das **Cen|ter,** die Cen|ter

das **Cha|mä|le|on,**
   die Cha|mä|le|ons ❽
der **Cham|pig|non,**
   die Cham|pig|nons
der **Cham|pi|on,**
   die Cham|pi|ons
die **Chan|ce,** die Chan|cen ❽
   Cha|nuk|ka
das **Cha|os**
   chao|tisch
der **Cha|rak|ter,**
   die Cha|rak|te|re
die **Charts**

chat|ten, du chattest
der Chef, die Chefs
die Che|fin, die Che|fin|nen
die Che|mie
    che|misch
    chic – schick
der Chi|co|rée, die Chi|co|rées
    chil|len, du chillst
der Chip, die Chips ❽
der Chi|rurg, die Chi|rur|gen
die Chi|rur|gin,
    die Chi|rur|gin|nen
der Chor, die Chö|re
der Christ, die Chris|ten
    Chris|ti Him|mel|fahrt
die Chris|tin, die Chris|tin|nen
der Christ|baum,
    die Christ|bäu|me
    christ|lich
das Christ|kind
    cir|ca – zirka (ca.)
der Cir|cus – Zir|kus,
    die Cir|cus|se – Zir|kus|se
die Ci|ty, die Ci|tys
    cle|ver
der Clown, die Clowns

der Club – Klub,
    die Clubs – Klubs
    cm (Zentimeter)
der Code – Kode,
    die Codes – Kodes
    Co|la
der Co|mic, die Co|mics
der Com|pu|ter,
    die Com|pu|ter ❷
der Con|tai|ner,
    die Con|tai|ner
    cool
die Corn|flakes
die Couch, die Couchs
das Cous|cous –
    der Cous|cous – Kus|kus
der Cou|sin, die Cou|sins
die Cou|si|ne,
    die Cou|si|nen
der Cow|boy, die Cow|boys
das Cow|girl, die Cow|girls
die Creme, die Cremes
    ct (Cent)
die Cur|ry|wurst,
    die Cur|ry|wür|ste
der Cur|sor, die Cur|sor

D

da
da|bei
da|blei|ben, du bleibst da
das **Dach**, die Dä|cher
sie **dach|te** ◁ denken
der **Dachs**, die Da|chse **8**
da|durch
da|für
da|ge|gen
da|heim
da|her
da|hin
da|hin|ter
da|mals
die **Da|me**, die Da|men
da|mit
der **Damm**, die Däm|me
die **Däm|me|rung**,
die Däm|me|run|gen
der **Dampf**, die Dämp|fe
damp|fen, es dampft
der **Damp|fer**, die Dam|pfer
da|nach
da|ne|ben

Dä|ne|mark
der **Dank**
dank|bar
dan|ken, du dankst
dann
da|ran
da|rauf
da|raus
du **darfst** ◁ dürfen
da|rin
der **Darm**, die Där|me
da|rü|ber
da|rum
da|run|ter
das
dass
das|sel|be
die **Da|tei**, die Da|tei|en
die **Da|ten**
der **Da|tiv**
das **Da|tum**, die Da|ten
dau|ern, es dauert
dau|ernd
der **Dau|men**, die Dau|men
da|von
da|vor
da|zu
da|zwi|schen
die **De|cke**, die De|cken

de|cken, du deckst
deh|nen, du dehnst
der Deich, die Dei|che
dein
dei|ne
dei|ner
dei|net|we|gen
der Del|fin – Del|phin,
die Del|fi|ne – Del|phi|ne
die Del|le, die Del|len ❺
der Del|phin – Del|fin,
die Del|phi|ne – Del|fi|ne
dem
dem|nach
dem|nächst
die De|mo|kra|tie,
die De|mo|kra|ti|en
de|mo|kra|tisch
die De|mons|tra|ti|on,
die De|mons|tra|tio|nen
de|mons|trie|ren,
du demonstrierst
den
de|nen
den|ken, du denkst,
sie dachte
das Denk|mal, die Denk|mä|ler
denn
den|noch

der
de|ren
der|sel|be
des
des|halb
der Desk|top, die Desk|tops
des|sen
des|to
der De|tek|tiv, die De|tek|ti|ve
die De|tek|ti|vin,
die De|tek|ti|vin|nen
deu|ten, du deutest
deut|lich
deutsch
das Deutsch
Deutsch|land
der De|zem|ber
der De|zi|me|ter (z.B. 7 dm) ❶
der Dia|lekt, die Dia|lek|te
der Dia|mant, die Dia|man|ten
die Di|ät, die Diä|ten
dich
dicht
dich|ten, du dichtest
die Dich|tung, die Dich|tun|gen
dick
das Di|ckicht, die Di|ckich|te
die
der Dieb|stahl, die Dieb|stäh|le

die **Die|le**, die Die|len

   die|nen, du dienst

der **Dienst**, die Diens|te

der **Diens|tag**, die Diens|ta|ge

   diens|tags

   dies

   die|se

   die|ser

   die|ses

   die|sel|be

   die|sig

   dies|mal

die **Dif|fe|renz**,

   die Dif|fe|ren|zen

   di|gi|tal

das **Dik|tat**, die Dik|ta|te

die **Dik|ta|tur**,

   die Dik|ta|tu|ren

   dik|tie|ren, du diktierst

   DIN (z.B. DIN A4)

das **Ding**, die Din|ge

der **Di|no|sau|ri|er**,

   die Di|no|sau|ri|er

   dir

   di|rekt

der **Di|rek|tor**, die Di|rek|to|ren

die **Di|rek|to|rin**,

   die Di|rek|to|rin|nen

der **Di|ri|gent**, die Di|ri|gen|ten

die **Di|ri|gen|tin**,

   die Di|ri|gen|tin|nen

   di|ri|gie|ren, du dirigierst

die **Dis|co** – Dis|ko,

   die Dis|cos – Dis|kos

die **Dis|kus|si|on**,

   die Dis|kus|sio|nen

   dis|ku|tie|ren, du diskutierst

das **Dis|play**, die Dis|plays

die **Dis|tel**, die Dis|teln

   di|vi|die|ren, du dividierst

die **Di|vi|si|on**, die Di|vi|sio|nen

   dm (Dezimeter)

   doch

der **Docht**, die Doch|te

der **Dok|tor**, die Dok|to|ren

die **Dok|to|rin**,

   die Dok|to|rin|nen

das **Do|ku|ment**,

   die Do|ku|men|te

der **Dolch**, die Dol|che

der **Dol|lar**, die Dol|lars

der **Dol|met|scher**,

   die Dol|met|scher

die **Dol|met|sche|rin**,

   die Dol|met|sche|rin|nen

der **Dom**, die Do|me

die **Do|nau**

der **Dö|ner**, die Dö|ner

der **Don**|**ner**, die Don|ner
don|**nern**, es donnert
der **Don**|**ners**|**tag**,
die Don|ners|ta|ge ❻
don|**ners**|**tags**
doof
das **Do**|**ping**, die Do|pings
dop|**pelt**
der **Dop**|**pel**|**punkt**,
die Dop|pel|punk|te
das **Dorf**, die Dör|fer
der **Dorn**, die Dor|nen
dort
die **Do**|**se**, die Do|sen
dö|**sen**, du döst
das **Dot**|**ter** – der Dot|ter,
die Dot|ter
down|**loa**|**den**,
du downloadest
der **Dra**|**che**, die Dra|chen
der **Dra**|**chen**, die Dra|chen
der **Draht**, die Dräh|te
dran
drän|**geln**, du drängelst
drän|**gen**, du drängst
drauf
drau|**ßen**
der **Dreck**
dre|**ckig** ❸

dre|**hen**, du drehst
drei
drei|**mal**
das **Drei**|**eck**, die Drei|ecke
drei|**eckig**
drei|**ßig**
dre|**schen**, du drischst,
er drosch
dres|**sie**|**ren**, du dressierst
drib|**beln**, du dribbelst
drin
drin|**gend**
drin|**nen**
du **drischst** ◁ dreschen
die **Dro**|**ge**, die Dro|gen
die **Dro**|**ge**|**rie**, die Dro|ge|ri|en
dro|**hen**, du drohst
dröh|**nen**, es dröhnt
die **Dro**|**hung**,
die Dro|hun|gen ❸
er **drosch** ◁ dreschen
die **Dros**|**sel**, die Dros|seln
der **Druck**, die Dru|cke
dru|**cken**, du druckst
drü|**cken**, du drückst
der **Dru**|**cker**, die Dru|cker
der **Dschun**|**gel**, die Dschun|gel
du
der **Dü**|**bel**, die Dü|bel

sich **du|cken**, du duckst dich
der **Duft**, die Düf|te
    duf|ten, du duftest
    dumm, dümmer,
    am dümmsten
    düm|mer,
    am dümmsten ◁ dumm
die **Dumm|heit**,
    die Dumm|hei|ten
    dumpf
die **Dü|ne**, die Dü|nen
der **Dün|ger**, die Dün|ger
    dun|kel
die **Dun|kel|heit**
    dünn
der **Dunst**, die Düns|te
    durch
    durch|ei|nan|der

    durch|läs|sig
der **Durch|mes|ser**,
    die Durch|mes|ser
der **Durch|schnitt**
    durch|schnitt|lich
    durch|sich|tig
    dür|fen, du darfst, er durfte
er **durf|te** ◁ dürfen
    dürr
der **Durst**
    durs|tig ❸
die **Du|sche**, die Du|schen
    du|schen, du duschst
    düs|ter
das **Dut|zend**, die Dut|zen|de
    du|zen, du duzt
die **DVD**, die DVDs
der **Dy|na|mo**, die Dy|na|mos

die **Eb|be**, die Eb|ben ❺
    eben
die **Ebe|ne**, die Ebe|nen
    eben|falls

    eben|so
das **Echo**, die Echos
    echt
die **Ecke**, die Ecken

eckig
der **Edel|stein**, die Edel|stei|ne
EDV (elektronische
Datenverarbeitung)
der **Efeu**
egal
ego|is|tisch
die **Ehe**, die Ehen
ehe
eher
die **Eh|re**, die Eh|ren
ehr|gei|zig
ehr|lich
das **Ei**, die Ei|er
die **Ei|che**, die Ei|chen
die **Ei|chel**, die Ei|cheln
das **Eich|hörn|chen**,
die Eich|hörn|chen
die **Ei|dech|se**, die Ei|dech|sen
ei|fer|süch|tig
eif|rig
ei|gen
ei|gen|ar|tig ❻
die **Ei|gen|schaft**,
die Ei|gen|schaf|ten
ei|gen|sin|nig
ei|gent|lich
das **Ei|gen|tum**,
die Ei|gen|tü|mer

sich **eig|nen**, du eignest dich
die **Ei|le**
ei|len, du eilst
ei|lig
der **Ei|mer**, die Ei|mer
ein
ei|nan|der
ei|ne
ei|ner
ei|nes
die **Ein|bahn|stra|ße**,
die Ein|bahn|stra|ßen ❶
der **Ein|band**, die Ein|bän|de
sich **ein|bil|den**,
du bildest dir ein
der **Ein|bre|cher**,
die Ein|bre|cher
die **Ein|bre|che|rin**,
die Ein|bre|che|rin|nen
ein|deu|tig
der **Ein|druck**, die Ein|drü|cke
ein|drucks|voll
ein|ei|ig
ein|fach
die **Ein|fahrt**, die Ein|fahr|ten
ein|fal|len, dir fällt ein,
ihr fiel ein
ein|far|big ❺
der **Ein|fluss**, die Ein|flüs|se

ein|fü|gen, du fügst ein
der Ein|gang, die Ein|gän|ge
ein|ge|ben, du gibst ein,
er gab ein
ein|ge|bil|det
ein|hef|ten, du heftest ein
ein|hei|misch
die Ein|heit, die Ein|hei|ten
ein|hun|dert
ei|ni|ge
sich ei|ni|gen, du einigst dich
ei|ni|ger|ma|ßen
ein|kau|fen, du kaufst ein
ein|la|den, du lädst ein,
er lud ein
die Ein|lei|tung,
die Ein|lei|tun|gen
sich ein|log|gen,
du loggst dich ein
ein|mal
das Ein|mal|eins
ein|ma|lig
ein|neh|men, du nimmst ein,
sie nahm ein
sich ein|prä|gen,
du prägst dir ein
die Ein|rich|tung,
die Ein|rich|tun|gen
eins

ein|sam
ein|sam|meln,
du sammelst ein
ein|sei|tig ❻
ein|sper|ren, du sperrst ein
ein|spu|rig
einst
ein|stim|mig
ein|tra|gen, du trägst ein,
sie trug ein
ein|ver|stan|den
der Ein|wand, die Ein|wän|de
der Ein|wan|de|rer,
die Ein|wan|de|rer
die Ein|wan|de|rin,
die Ein|wan|de|rin|nen
ein|wand|frei
der Ein|woh|ner,
die Ein|woh|ner ❹
die Ein|woh|ne|rin,
die Ein|woh|ne|rin|nen
die Ein|zahl
die Ein|zel|heit,
die Ein|zel|hei|ten
ein|zeln
ein|zig
ein|zig|ar|tig
das Eis, die Eis
das Ei|sen, die Ei|sen

die **Ei**|**sen**|**bahn**,
die Ei|sen|bah|nen

das **Eis**|**ho**|**ckey**

ei|**sig**

ei|**tel**

der **Ei**|**ter**

ei|**te**|**rig** – eit|rig

der **Ekel**

eke|**lig** – ek|lig

sich **ekeln**, du ekelst dich

die **El**|**be**

der **Elch**, die El|che

der **Ele**|**fant**, die Ele|fan|ten

ele|**gant**

der **Elekt**|**ri**|**ker**, die Elekt|ri|ker

die **Elekt**|**ri**|**ke**|**rin**,
die Elekt|ri|ke|rin|nen

elekt|**risch**

die **Elekt**|**ri**|**zi**|**tät** ❶

elekt|**ro**|**nisch**

das **Ele**|**ment**, die Ele|men|te

das **Elend**

elf

der **Ell**|**bo**|**gen** – El|len|bo|gen,
die Ell|bo|gen – El|len|bo|gen

die **Els**|**ter**, die Els|tern

die **El**|**tern**

die **E-Mail**, die E-Mails

sie **emp**|**fahl** ◁ empfehlen

er **emp**|**fand** ◁ empfinden

emp|**fan**|**gen**, du empfängst,
sie empfing

du **emp**|**fängst** ◁ empfangen

emp|**feh**|**len**, du empfiehlst,
sie empfahl

du **emp**|**fiehlst** ◁ empfehlen

emp|**fin**|**den**, du empfindest,
er empfand

emp|**find**|**lich**

sie **emp**|**fing** ◁ empfangen

em|**por**

sich **em**|**pö**|**ren**, du empörst dich

em|**pört**

das **En**|**de**, die En|den

end|**gül**|**tig**

end|**lich**

end|**los**

die **En**|**dung**, die En|dun|gen

die **Ener**|**gie**, die Ener|gi|en ❹

ener|**gie**|**spa**|**rend**

ener|**gisch**

eng

sich **en**|**ga**|**gie**|**ren**,
du engagierst dich

der **En**|**gel**, die En|gel

Eng|**land**

das **Eng**|**lisch**

der **En|kel**, die En|kel

die **En|ke|lin**, die En|ke|lin|nen

enorm

die **Ent|bin|dung**,

die Ent|bin|dun|gen

ent|de|cken, du entdeckst

die **En|te**, die En|ten

die **En|ter|tas|te**,

die En|ter|tas|ten

sich **ent|fer|nen**,

du entfernst dich

ent|füh|ren, du entführst

ent|ge|gen

ent|geg|nen, du entgegnest

ent|lang

ent|las|sen, du entlässt,

sie entließ

sie **ent|ließ** ◁ entlassen

ent|schei|den,

du entscheidest,

er entschied

die **Ent|schei|dung**,

die Ent|schei|dun|gen

er **ent|schied** ◁ entscheiden

sich **ent|schlie|ßen**,

du entschließt dich,

sie entschloss sich

sie **ent|schloss** sich ◁ sich

entschließen

der **Ent|schluss**,

die Ent|schlüs|se

sich **ent|schul|di|gen**,

du entschuldigst dich

die **Ent|schul|di|gung**,

die Ent|schul|di|gun|gen

ent|setz|lich

ent|setzt

die **Ent|span|nung**,

die Ent|span|nun|gen

ent|täuscht

die **Ent|täu|schung**,

die Ent|täu|schun|gen

ent|we|der

ent|wi|ckeln, du entwickelst

die **Ent|wick|lung**,

die Ent|wick|lun|gen

der **Ent|wurf**, die Ent|wür|fe

ent|zü|ckend

die **Ent|zün|dung**,

die Ent|zün|dun|gen ❶

ent|zwei

er

das **Er|be**

er|ben, du erbst

die **Erb|se**, die Erb|sen

das **Erd|be|ben**, die Erd|be|ben

die **Erd|bee|re**, die Erd|bee|ren

die **Er|de**

die **Erd|kun|de**

die **Erd|nuss**, die Erd|nüs|se

sich **er|eig|nen**, es ereignet sich

das **Er|eig|nis**,
die Er|eig|nis|se ❸

er|fah|ren, du erfährst,
er erfuhr

du **er|fährst** ◁ erfahren

die **Er|fah|rung**,
die Er|fah|run|gen

die **Er|fin|dung**,
die Er|fin|dun|gen

er|fin|de|risch

der **Er|folg**, die Er|fol|ge

er|folg|reich

er|freu|lich

er|fri|schend

er **er|fuhr** ◁ erfahren

er|gän|zen, du ergänzt

das **Er|geb|nis**,
die Er|geb|nis|se

er|hol|sam

sich **er|in|nern**, du erinnerst dich

die **Er|in|ne|rung**,
die Er|in|ne|run|gen

sich **er|käl|ten**, du erkältest dich

die **Er|käl|tung**,
die Er|käl|tun|gen ❹

sie **er|kann|te** ◁ erkennen

er|ken|nen, du erkennst,
sie erkannte

er|klä|ren, du erklärst

die **Er|klä|rung**,
die Er|klä|run|gen

sich **er|kun|di|gen**,
du erkundigst dich

er|lau|ben, du erlaubst

er|le|ben, du erlebst

das **Er|leb|nis**, die Er|leb|nis|se

er|le|di|gen, du erledigst

er|le|digt

er|leich|tert

er|lö|sen, du erlöst

er|mah|nen, du ermahnst

er|mä|ßigt

sich **er|näh|ren**, du ernährst dich

die **Er|näh|rung** ❹

ernst

der **Ernst**

ernst|haft

die **Ern|te**, die Ern|ten

ern|ten, du erntest

er|obern, du eroberst

die **Er|pres|sung**,
die Er|pres|sun|gen

er|ra|ten, du errätst, er erriet

du **er|rätst** ◁ erraten

er|rei|chen, du erreichst

91

er **er|riet** ◁ erraten

der **Er|satz**

er|schöpft

sie **er|schrak** ◁ erschrecken

er|schre|cken,
du erschrickst, sie erschrak

du **er|schrickst** ◁ erschrecken

er|schüt|ternd

er|set|zen, du ersetzt

erst

er|star|ren, du erstarrst

er|staunt

die **Ers|te Hil|fe**

ers|tens

er|sti|cken, du erstickst

er|tap|pen, du ertappst

sie **er|trank** ◁ ertrinken

er|trin|ken, du ertrinkst,
sie ertrank

er|wach|sen

der **Er|wach|se|ne,**
die Er|wach|se|nen

die **Er|wach|se|ne,**
die Er|wach|se|nen

er|war|ten, du erwartest

die **Er|war|tung,**
die Er|war|tun|gen

er|wi|dern, du erwiderst

er|zäh|len, du erzählst

die **Er|zäh|lung,**
die Er|zäh|lun|gen ❸

er|zie|hen, du erziehst

die **Er|zie|hung**

der **Er|zie|her,** die Er|zie|her,

die **Er|zie|he|rin,**
die Er|zie|he|rin|nen

es

der **Esel,** die Esel

der **Es|ki|mo,** die Es|ki|mos

ess|bar

das **Es|sen,** die Es|sen

es|sen, du isst, sie aß

der **Es|sig,** die Es|si|ge

Est|land

die **Eta|ge,** die Eta|gen

die **Etap|pe,** die Etap|pen

das **Eti|kett,**
die Eti|ket|ten – Eti|ketts ❽

et|wa

et|was

die **EU** (Europäische Union)

euch

eu|er

eu|re – eue|re

die **Eu|le,** die Eu|len

der **Eu|ro,** die Eu|ros (z.B. 9 €)

Eu|ro|pa

eu|ro|pä|isch

das **Eu**|**ter**, die Eu|ter
evan|**ge**|**lisch**
das **Evan**|**ge**|**li**|**um**,
die Evan|ge|li|en
even|**tu**|**ell** (evtl.)
evtl. (eventuell)
ewig
exakt
das **Exa**|**men**, die Exa|men
das **Exemp**|**lar**, die Exemp|la|re
die **Exis**|**tenz**, die Exis|ten|zen
exis|**tie**|**ren**, du existierst
exo|tisch

die **Fa**|**bel**, die Fa|beln
fa|**bel**|**haft**
die **Fab**|**rik**, die Fab|ri|ken
das **Fach**, die Fä|cher
die **Fa**|**ckel**, die Fa|ckeln
der **Fa**|**den**, die Fä|den
fä|**hig**
die **Fä**|**hig**|**keit**,
die Fä|hig|kei|ten

die **Ex**|**pe**|**di**|**ti**|**on**,
die Ex|pe|di|tio|nen
das **Ex**|**pe**|**ri**|**ment**,
die Ex|pe|ri|men|te ❶
ex|**pe**|**ri**|**men**|**tie**|**ren**,
du experimentierst
der **Ex**|**per**|**te**, die Ex|per|ten
die **Ex**|**per**|**tin**, die Ex|per|tin|nen
ex|**plo**|**die**|**ren**, es explodiert
die **Ex**|**plo**|**si**|**on**,
die Ex|plo|sio|nen
ext|**ra**
ext|**rem**

fahn|**den**, du fahndest
die **Fahn**|**dung**,
die Fahn|dun|gen
die **Fah**|**ne**, die Fah|nen
die **Fäh**|**re**, die Fäh|ren
fah|**ren**, du fährst, sie fuhr
das **Fahr**|**rad**, die Fahr|rä|der
du **fährst** ◁ fahren ❹
die **Fahrt**, die Fahr|ten

die **Fähr**|**te**, die Fähr|ten
das **Fahr**|**zeug**, die Fahr|zeu|ge
   fair
die **Fair**|**ness**
der **Fal**|**ke**, die Fal|ken
der **Fak**|**tor**, die Fak|to|ren
der **Fall**, die Fäl|le
die **Fal**|**le**, die Fal|len
   fal|**len**, du fällst, er fiel
   fäl|**len**, du fällst
   falls
  du **fällst** ◁ fallen
der **Fall**|**schirm**,
   die Fall|schir|me
   falsch
   fäl|**schen**, du fälschst
die **Fal**|**te**, die Fal|ten
   fal|**ten**, du faltest
der **Fal**|**ter**, die Fal|ter
   fal|**tig**
die **Fa**|**mi**|**lie**, die Fa|mi|li|en
der **Fan**, die Fans
  er **fand** ◁ finden
   fan|**gen**, du fängst,
   sie fing
  du **fängst** ◁ fangen
die **Fan**|**ta**|**sie** – Phan|ta|sie,
   die Fan|ta|sien –
   Phan|ta|sien

   fan|**tas**|**tisch** –
   phan|tas|tisch
die **Far**|**be**, die Far|ben
   fär|**ben**, du färbst **④**
   far|**big**
die **Farm**, die Far|men
der **Farn**, die Far|ne
der **Fa**|**sching**
die **Fa**|**ser**, die Fa|sern
das **Fass**, die Fäs|ser
   fas|**sen**, du fasst
die **Fas**|**sung**, die Fas|sun|gen
   fast
   fas|**ten**, du fastest
das **Fast Food** – Fast|food
die **Fast**|**nacht**
   fau|**chen**, du fauchst
   faul
   fau|**len**, es fault
die **Faul**|**heit**
   fau|**len**|**zen**, du faulenzt
die **Faust**, die Fäus|te
der **Fa**|**vo**|**rit**, die Fa|vo|ri|ten
die **Fa**|**vo**|**ri**|**tin**,
   die Fa|vo|ri|tin|nen
das **Fax**, die Fa|xe
die **Fa**|**xen**
der **Feb**|**ru**|**ar** **①**
   fech|**ten**, du fichtst, sie focht

die **Fe|der**, die Fe|dern
die **Fee**, die Fe|en
    fe|gen, du fegst
    feh|len, du fehlst
der **Feh|ler**, die Feh|ler
    feh|ler|frei
die **Fei|er**, die Fei|ern
    fei|er|lich
    fei|ern, du feierst
    feig – fei|ge
die **Fei|ge**, die Fei|gen
der **Feig|ling**, die Feig|lin|ge
    fei|len, du feilst
    fein
der **Feind**, die Fein|de
die **Fein|din**, die Fein|din|nen
    feind|lich
das **Feld**, die Fel|der
die **Fel|ge**, die Fel|gen
das **Fell**, die Fel|le
der **Fels** – Fel|sen, die Fel|sen
    fel|sig ❻
der **Fen|chel**
das **Fens|ter**, die Fens|ter
die **Fe|ri|en**
das **Fer|kel**, die Fer|kel
    fern
die **Fer|ne**, die Fer|nen
das **Fern|se|hen**

    fern|se|hen, du siehst fern,
    er sah fern
die **Fer|se**, die Fer|sen
    fer|tig
die **Fes|sel**, die Fes|seln
    fes|seln, du fesselst
    fest
das **Fest**, die Fes|te
    fest|lich
    fett
    fet|tig
der **Fet|zen**, die Fet|zen
    feucht
die **Feuch|tig|keit**
das **Feu|er**, die Feu|er
die **Feu|er|wehr**,
    die Feu|er|weh|ren
das **Feu|er|werk**,
    die Feu|er|wer|ke
    feu|rig
die **Fich|te**, die Fich|ten
    du **fichtst** ◁ fechten
das **Fie|ber**, die Fie|ber
    fieb|rig
    er **fiel** ◁ fallen
    fies
die **Fi|gur**, die Fi|gu|ren ❽
die **Fi|lia|le**, die Fi|lia|len
der **Film**, die Fil|me

    fil|tern, du filterst
der **Filz|stift**, die Filz|stif|te
    fi|nan|zie|ren,
    du finanzierst
    fin|den, du findest, er fand
sie **fing** ◁ fangen
der **Fin|ger**, die Fin|ger
    Finn|land
    fins|ter
die **Fins|ter|nis**,
    die Fins|ter|nis|se
die **Fir|ma**, die Fir|men
die **Fir|mung**, die Fir|mun|gen
der **Fisch**, die Fi|sche
    fit, fitter, am fittesten
die **Fit|ness**
    fitter, am fittesten ◁ fit
    fix
    flach
die **Flä|che**, die Flä|chen
    fla|ckern, es flackert
der **Fla|den**, die Fla|den
die **Flag|ge**, die Flag|gen ❶
der **Fla|min|go**, die Fla|min|gos
die **Flam|me**, die Flam|men
die **Fla|sche**, die Fla|schen
    flat|tern, es flattert
    flau
    flau|mig

    flech|ten, du flichtst,
    er flocht
der **Fleck**, die Fle|cken
    fle|ckig
die **Fle|der|maus**,
    die Fle|der|mäu|se
    fle|hen, du flehst
das **Fleisch**
der **Fleiß**
    flei|ßig
du **flichtst** ◁ flechten
    fli|cken, du flickst
der **Flie|der**, die Flie|der
die **Flie|ge**, die Flie|gen
    flie|gen, du fliegst, sie flog
    flie|hen, du fliehst, er floh
die **Flie|se**, die Flie|sen
    flie|ßen, es fließt, es floss
    flim|mern, es flimmert
    flink
    flit|zen, du flitzt
er **flocht** ◁ flechten
die **Flo|cke**, die Flo|cken
sie **flog** ◁ fliegen
der **Floh**, die Flö|he
er **floh** ◁ fliehen
das **Floß**, die Flö|ße ❽
    es **floss** ◁ fließen
die **Flos|se**, die Flos|sen

die **Flö|te**, die Flö|ten
der **Fluch**, die Flü|che
    flu|chen, du fluchst
die **Flucht**, die Fluch|ten
    flüch|ten, du flüchtest
der **Flücht|ling**, die Flücht|lin|ge
der **Flug**, die Flü|ge
der **Flü|gel**, die Flü|gel
    flüg|ge
das **Flug|zeug**, die Flug|zeu|ge
der **Flur**, die Flu|re
der **Fluss**, die Flüs|se
    flüs|sig
die **Flüs|sig|keit**,
    die Flüs|sig|kei|ten
    flüs|tern, du flüsterst
die **Flut**, die Flu|ten
der **Fly|er**, die Fly|er
sie **focht** ◁ fechten
das **Foh|len**, die Foh|len
der **Föhn**, die Föh|ne
die **Fol|ge**, die Fol|gen
    fol|gen, du folgst
die **Fo|lie**, die Fo|li|en
    fol|tern, es wird gefoltert
    for|dern, du forderst
    för|dern, du förderst
die **Fo|rel|le**, die Fo|rel|len
die **Form**, die For|men

for|men, du formst
das **For|mu|lar**, die For|mu|la|re
    for|schen, du forschst
die **For|schung**,
    die For|schun|gen
    fort
der **Fort|schritt**,
    die Fort|schrit|te
    fort|schritt|lich
die **Fort|set|zung**,
    die Fort|set|zun|gen
das **Fo|to**, die Fo|tos
die **Fo|to|gra|fie**,
    die Fo|to|gra|fi|en ❶
    fo|to|gra|fie|ren,
    du fotografierst
die **Fo|to|ko|pie**,
    die Fo|to|ko|pi|en
das **Foul**, die Fouls
der **Frach|ter**, die Frach|ter
die **Fra|ge**, die Fra|gen
    fra|gen, du fragst
das **Fra|ge|zei|chen**,
    die Fra|ge|zei|chen
    Frank|reich
das **Fran|zö|sisch**
  es **fraß** ◁ fressen
die **Frau**, die Frau|en
    frech

A B C D E F G H I J K L M N O P Q R S T U V W X Y Z

die **Frech|heit**, die Frech|hei|ten
frei
frei|hän|dig ❹
die **Frei|heit**, die Frei|hei|ten
frei|lich
der **Frei|tag**, die Frei|ta|ge
frei|tags
frei|wil|lig
die **Frei|zeit**
fremd
der **Frem|de**, die Frem|den
die **Frem|de**, die Frem|den
die **Fremd|spra|che**,
   die Fremd|spra|chen
fres|sen, es frisst, es fraß
die **Freu|de**, die Freu|den
sich **freu|en**, du freust dich
der **Freund**, die Freun|de
die **Freun|din**, die Freun|din|nen
freund|lich
die **Freund|schaft**,
   die Freund|schaf|ten
freund|schaft|lich
der **Frie|de** – Frie|den,
   die Frie|den
der **Fried|hof**, die Fried|hö|fe
fried|lich
frie|ren, du frierst, sie fror
frisch

fri|sie|ren, du frisierst
es **frisst** ◁ fressen
die **Frist**, die Fris|ten
frist|los
die **Fri|sur**, die Fri|su|ren
froh
die **Fröh|lich|keit**
fröh|lich
fromm
Fron|leich|nam
fron|tal
sie **fror** ◁ frieren
der **Frosch**, die Frö|sche
der **Frost**, die Frös|te
frös|teln, du fröstelst
fros|tig
die **Frucht**, die Früch|te
frucht|bar
früh
frü|her
frü|hes|tens – frühs|tens
das **Früh|jahr**, die Früh|jah|re
der **Früh|ling**, die Früh|lin|ge
das **Früh|stück**, die Früh|stü|cke
der **Fuchs**, die Füch|se ❽
die **Fu|ge**, die Fu|gen
füh|len, du fühlst
der **Füh|ler** (z.B. eines Käfers),
   die Füh|ler

sie **fuhr** ◁ fahren
füh|ren, du führst
fül|len, du füllst
der **Fül|ler** (Schreibgerät),
die Fül|ler
der **Fund**, die Fun|de
fünf
fünf|mal
fünf|zig ❻
der **Fun|ke** – Fun|ken,
die Fun|ken
fun|keln, es funkelt
funk|tio|nie|ren,
es funktioniert
für

die **Furcht**
furcht|bar
fürch|ten, du fürchtest
fürch|ter|lich
für|ei|nan|der ❸
der **Fuß**, die Fü|ße ❽
der **Fuß|ball**
der **Fuß|gän|ger**,
die Fuß|gän|ger
die **Fuß|gän|ge|rin**,
die Fuß|gän|ge|rin|nen
das **Fut|ter** ❺
fut|tern, du futterst
füt|tern, du fütterst
das **Fu|tur**

g (Gramm)
er **gab** ◁ geben
die **Ga|bel**, die Ga|beln ❶
der **Ga|bel|stap|ler**,
die Ga|bel|stap|ler
ga|ckern, es gackert
gaf|fen, du gaffst

der **Gag**, die Gags
gäh|nen, du gähnst
die **Ga|la|xie**, die Ga|la|xi|en
die **Gal|le**, die Gal|len
ga|lop|pie|ren,
es galoppiert ❶
es **galt** ◁ gelten

gam|meln, du gammelst

der Gang, die Gän|ge ❻

die Gang|schal|tung,
die Gang|schal|tun|gen

die Gans, die Gän|se

das Gän|se|blüm|chen,
die Gän|se|blüm|chen ❼

das Gän|se|füß|chen,
die Gän|se|füß|chen

ganz

gänz|lich

gar

die Ga|ra|ge, die Ga|ra|gen

die Ga|ran|tie, die Ga|ran|ti|en

ga|ran|tie|ren,
du garantierst

die Gar|de|ro|be,
die Gar|de|ro|ben

die Gar|di|ne, die Gar|di|nen

der Gar|ten, die Gär|ten

der Gärt|ner, die Gärt|ner

die Gärt|ne|rin,
die Gärt|ne|rin|nen

das Gas, die Ga|se

die Gas|se, die Gas|sen

der Gast, die Gäs|te ❹

die Gast|stät|te,
die Gast|stät|ten

die Gau|di

der Gaul, die Gäu|le

der Gau|men, die Gau|men

der Gau|ner, die Gau|ner

die Gau|ne|rin,
die Gau|ne|rin|nen

die Ga|zel|le, die Ga|zel|len

GB (Gigabyte)

das Ge|bäck, die Ge|bä|cke

sie ge|bar ◁ gebären

die Ge|bär|den|spra|che,
die Ge|bär|den|spra|chen

ge|bä|ren, sie gebärt,
sie gebar

das Ge|bäu|de, die Ge|bäu|de

ge|ben, du gibst, er gab

das Ge|bet, die Ge|be|te

das Ge|biet, die Ge|bie|te

ge|bil|det

das Ge|bir|ge, die Ge|bir|ge ❷

das Ge|biss, die Ge|bis|se

ge|bis|sen ◁ beißen

ge|blie|ben ◁ bleiben

ge|blümt

ge|bo|gen ◁ biegen

ge|bo|ren

das Ge|bot, die Ge|bo|te

ge|bo|ten ◁ bieten

ge|bracht ◁ bringen

ge|brannt ◁ brennen

ge|brau|chen,
du gebrauchst
ge|braucht
ge|brech|lich
ge|bro|chen ◁ brechen
die Ge|bühr, die Ge|büh|ren
ge|bun|den ◁ binden
die Ge|burt, die Ge|bur|ten
der Ge|burts|tag,
die Ge|burts|ta|ge
das Ge|büsch, die Ge|bü|sche
ge|dacht ◁ denken
das Ge|dächt|nis,
die Ge|dächt|nis|se
der Ge|dan|ke,
die Ge|dan|ken
ge|dei|hen, es gedeiht,
es gedieh
das Ge|dicht, die Ge|dich|te
es gedieh ◁ gedeihen
das Ge|drän|ge
ge|dro|schen ◁ dreschen
ge|druckt ◁ drucken
die Ge|duld
ge|dul|dig
ge|durft ◁ dürfen
ge|eig|net ◁ eignen
die Ge|fahr, die Ge|fah|ren
ge|fähr|lich

ge|fal|len, du gefällst,
es gefiel
du ge|fällst ◁ gefallen
ge|fäl|ligst
ge|fan|gen
das Ge|fäng|nis,
die Ge|fäng|nis|se ❼
das Ge|fäß, die Ge|fä|ße
das Ge|fie|der, die Ge|fie|der ❷
es ge|fiel ◁ gefallen
ge|floch|ten ◁ flechten
ge|flo|gen ◁ fliegen
ge|flo|hen ◁ fliehen
ge|flos|sen ◁ fließen
das Ge|flü|gel
ge|frä|ßig
ge|frie|ren, es gefriert,
es gefror
es ge|fror ◁ gefrieren
das Ge|fühl, die Ge|füh|le
ge|fun|den ◁ finden
ge|gan|gen ◁ gehen
ge|gen
die Ge|gend,
die Ge|gen|den ❻
ge|gen|ei|nan|der
der Ge|gen|satz,
die Ge|gen|sät|ze
ge|gen|sei|tig

der **Ge|gen|stand,**
    die Ge|gen|stän|de
das **Ge|gen|teil,**
    die Ge|gen|tei|le
    ge|gen|über
die **Ge|gen|wart**
    ge|glit|ten ◁ gleiten
der **Geg|ner,** die Geg|ner
die **Geg|ne|rin,**
    die Geg|ne|rin|nen
    ge|gol|ten ◁ gelten
    ge|gos|sen ◁ gießen
    ge|grif|fen ◁ greifen
    ge|habt ◁ haben
das **Ge|halt,** die Ge|häl|ter
    ge|han|gen ◁ hängen
    ge|häs|sig
das **Ge|häu|se,** die Ge|häu|se
das **Ge|he|ge,** die Ge|he|ge
    ge|heim
das **Ge|heim|nis,**
    die Ge|heim|nis|se
    ge|heim|nis|voll
    ge|hen, du gehst, er ging
    ge|heu|er
das **Ge|hirn,** die Ge|hir|ne
    ge|ho|ben ◁ heben
    ge|hol|fen ◁ helfen
das **Ge|hör**

    ge|hor|chen, du gehorchst
    ge|hö|ren, es gehört
    ge|hör|los
    ge|hor|sam
der **Geh|steig,** die Geh|stei|ge
der **Gei|er,** die Gei|er
die **Gei|ge,** die Gei|gen ❶
die **Gei|sel,** die Gei|seln
der **Geist,** die Geis|ter
    geis|tig
der **Geiz**
der **Geiz|hals,** die Geiz|häl|se
    gei|zig
    ge|kannt ◁ kennen ❺
    ge|klun|gen ◁ klingen
    ge|knif|fen ◁ kneifen
    ge|konnt ◁ können
das **Ge|läch|ter,**
    die Ge|läch|ter ❹
    ge|lähmt
das **Ge|län|de,** die Ge|län|de
das **Ge|län|der,** die Ge|län|der
  es **ge|lang** ◁ gelingen
    ge|las|sen
    ge|launt
    gelb
das **Geld,** die Gel|der
die **Geld|bör|se,**
    die Geld|bör|sen

das **Ge|lee**, die Ge|lees
ge|le|gen ◁ liegen
die **Ge|le|gen|heit**,
die Ge|le|gen|hei|ten
ge|le|gent|lich
ge|lehrt ◁ lehren
das **Ge|lenk**, die Ge|len|ke
ge|len|kig
ge|liebt ◁ lieben
ge|lie|hen ◁ leihen
ge|lin|gen, es gelingt,
es gelang
ge|lit|ten ◁ leiden
ge|lockt
ge|lo|gen ◁ lügen
gel|ten, es gilt, es galt
ge|lun|gen ◁ gelingen
ge|mäch|lich
das **Ge|mäl|de**, die Ge|mäl|de
ge|mein
die **Ge|mein|de**,
die Ge|mein|den
die **Ge|mein|heit**,
die Ge|mein|hei|ten
ge|mein|sam
die **Ge|mein|schaft**,
die Ge|mein|schaf|ten
ge|mie|den ◁ meiden
ge|mocht ◁ mögen

ge|mol|ken ◁ melken
das **Ge|mur|mel**
das **Ge|mü|se**
ge|musst ◁ müssen
ge|mus|tert
ge|müt|lich
ge|nannt ◁ nennen
ge|nau
die **Ge|nau|ig|keit**
ge|nau|so
ge|neh|mi|gen,
du genehmigst
die **Ge|ne|ra|ti|on**,
die Ge|ne|ra|tio|nen
der **Ge|ne|ra|tor**,
die Ge|ne|ra|to|ren
ge|ni|al
das **Ge|nick**, die Ge|ni|cke
sich **ge|nie|ren**, du genierst dich
ge|nie|ßen, du genießt,
er genoss
der **Ge|ni|tiv**
ge|nom|men ◁ nehmen
er **ge|noss** ◁ genießen
ge|nos|sen ◁ genießen
ge|nug
ge|nü|gend
der **Ge|nuss**, die Ge|nüs|se
die **Geo|met|rie**

das **Ge|päck**

der **Ge|pard**, die Ge|par|den

ge|**passt** ◁ passen

ge|**pfif|fen** ◁ pfeifen

ge|**presst** ◁ pressen

ge|**punk|tet**

ge|**quol|len** ◁ quellen

ge|**ra|de**

ge|**ra|de|aus**

ge|**rannt** ◁ rennen

das **Ge|rät**, die Ge|rä|te

ge|**ra|ten**, du gerätst,

sie geriet

du ge|**rätst** ◁ geraten

ge|**räu|mig**

das **Ge|räusch**, die Ge|räu|sche

ge|**recht**

die **Ge|rech|tig|keit**

das **Ge|richt**, die Ge|rich|te

ge|**rie|ben** ◁ reiben

sie ge|**riet** ◁ geraten

ge|**ring**

ge|**rin|gelt**

das **Ge|rip|pe**, die Ge|rip|pe

ge|**ris|sen** ◁ reißen

ge|**rit|ten** ◁ reiten

gern – ger|ne

ge|**ro|chen** ◁ riechen

das **Ge|röll**

ge|**ron|nen** ◁ rinnen ❺

die **Gers|te**

der **Ge|ruch**, die Ge|rü|che

das **Ge|rücht**, die Ge|rüch|te

das **Ge|rüm|pel**

ge|**run|gen** ◁ ringen

das **Ge|rüst**, die Ge|rüs|te

ge|**samt**

ge|**sandt** ◁ senden

der **Ge|sang**, die Ge|sän|ge

das **Ge|schäft**, die Ge|schäf|te

ge|**schäft|lich**

es ge|**schah** ◁ geschehen

ge|**sche|hen**, es geschieht,

es geschah

ge|**scheit**

das **Ge|schenk**, die Ge|schen|ke

die **Ge|schich|te**,

die Ge|schich|ten

die **Ge|schick|lich|keit**

ge|**schickt**

ge|**schie|den** ◁ scheiden

es ge|**schieht** ◁ geschehen

ge|**schie|nen** ◁ scheinen

das **Ge|schirr**, die Ge|schir|re

das **Ge|schlecht**,

die Ge|schlech|ter

ge|**schli|chen** ◁ schleichen

ge|**schlif|fen** ◁ schleifen

ge|schlos|sen ◁ schließen

der Ge|schmack,

die Ge|schmä|cker

ge|schmack|los

ge|schmack|voll

ge|schmei|dig

ge|schmol|zen ◁ schmelzen

das Ge|schnat|ter

ge|schnit|ten ◁ schneiden

ge|scho|ben ◁ schieben

ge|schockt

das Ge|schöpf, die Ge|schöp|fe

ge|scho|ren ◁ scheren

ge|schos|sen ◁ schießen

das Ge|schrei

ge|schrie|ben ◁ schreiben

ge|schrien ◁ schreien

das Ge|schwätz

ge|schwie|gen ◁ schweigen

die Ge|schwin|dig|keit,

die Ge|schwin|dig|kei|ten ❼

ge|schwind ❻

die Ge|schwis|ter

ge|schwol|len ◁ schwellen

ge|schwom|men

◁ schwimmen

ge|schwo|ren ◁ schwören

ge|schwun|gen ◁ schwingen

das Ge|schwür, die Ge|schwü|re

ge|se|hen ◁ sehen

der Ge|sel|le, die Ge|sel|len

ge|sel|lig

die Ge|sel|lig|keit

die Ge|sel|lin,

die Ge|sel|lin|nen

die Ge|sell|schaft,

die Ge|sell|schaf|ten

ge|sen|det ◁ senden

das Ge|setz, die Ge|set|ze

ge|setz|lich

das Ge|sicht, die Ge|sich|ter

ge|sof|fen ◁ saufen

ge|spannt

das Ge|spenst, die Ge|spens|ter

ge|spens|tisch

ge|spon|nen ◁ spinnen

das Ge|spräch, die Ge|sprä|che

ge|sprä|chig ❹

ge|spro|chen ◁ sprechen

ge|sprun|gen ◁ springen

die Ge|stalt, die Ge|stal|ten

ge|stal|ten, du gestaltest

er ge|stand ◁ gestehen

ge|stan|den ◁ gestehen

das Ge|ständ|nis,

die Ge|ständ|nis|se

der Ge|stank

ge|stat|ten, du gestattest

ge|ste|hen, du gestehst,
er gestand

das **Ge|stell**, die Ge|stel|le

ges|tern

ge|stie|gen ◁ steigen

das **Ge|stö|ber**

ge|sto|chen ◁ stechen

ge|stoh|len ◁ stehlen ❽

ge|stor|ben ◁ sterben

ge|streift

ge|stri|chen ◁ streichen

das **Ge|strüpp**, die Ge|strüp|pe

ge|stun|ken ◁ stinken

ge|sund, gesünder,
am gesündesten ❻

ge|sün|der,
am gesündesten ◁ gesund

die **Ge|sund|heit**

ge|sun|gen ◁ singen

ge|sun|ken ◁ sinken

ge|tan ◁ tun

das **Ge|tränk**, die Ge|trän|ke

das **Ge|trei|de**

ge|trie|ben ◁ treiben

ge|trof|fen ◁ treffen

ge|trun|ken ◁ trinken

das **Ge|wächs**, die Ge|wäch|se

die **Ge|walt**, die Ge|wal|ten

ge|wal|tig

das **Ge|wand**, die Ge|wän|der

ge|wandt

er **ge|wann** ◁ gewinnen

das **Ge|wäs|ser**, die Ge|wäs|ser

das **Ge|wehr**, die Ge|weh|re

das **Ge|weih**, die Ge|wei|he ❷

das **Ge|wer|be**, die Ge|wer|be

die **Ge|werk|schaft**,
die Ge|werk|schaf|ten

ge|we|sen ◁ sein ❶

das **Ge|wicht**, die Ge|wich|te

das **Ge|wim|mel**

der **Ge|winn**, die Ge|win|ne

ge|win|nen, du gewinnst,
er gewann

ge|wiss

das **Ge|wis|sen**

ge|wis|sen|haft

das **Ge|wit|ter**, die Ge|wit|ter

ge|wit|tern, es gewittert

ge|wo|gen ◁ wiegen

ge|wöh|nen, du gewöhnst

die **Ge|wohn|heit**,
die Ge|wohn|hei|ten ❼

ge|wöhn|lich

ge|wohnt

ge|wöhnt

ge|wölbt

ge|wollt ◁ wollen

ge|won|nen ◁ gewinnen
ge|wor|ben ◁ werben
ge|wor|den ◁ werden
ge|wor|fen ◁ werfen
das Ge|würz, die Ge|wür|ze
ge|wusst ◁ wissen
ge|zackt
die Ge|zei|ten
ge|zo|gen ◁ ziehen
ge|zwun|gen ◁ zwingen
du gibst ◁ geben
der Gie|bel, die Gie|bel
gie|rig
gie|βen, du gießt, es goss ❽
die Gieβ|kan|ne,
die Gieβ|kan|nen
das Gift, die Gif|te
gif|tig
das Gi|ga|byte (z.B. 2 GB),
die Gi|ga|byte – Gi|ga|bytes
es gilt ◁ gelten
er ging ◁ gehen
der Gip|fel, die Gip|fel
der Gips
die Gi|raf|fe, die Gi|raf|fen
die Gir|lan|de, die Gir|lan|den
die Gi|tar|re, die Gi|tar|ren
das Git|ter, die Git|ter
der Glanz

glän|zen, es glänzt
das Glas, die Glä|ser
der Glas|con|tai|ner,
die Glas|con|tai|ner
die Gla|sur, die Gla|su|ren
glatt
die Glät|te
die Glat|ze, die Glat|zen ❺
der Glau|be
glau|ben, du glaubst
gläu|big ❹
gleich
das Gleich|ge|wicht,
die Gleich|ge|wich|te
gleich|mä|βig
gleich|zei|tig ❸
das Gleis, die Glei|se
glei|ten, du gleitest, sie glitt
der Glet|scher, die Glet|scher
das Glied, die Glie|der
glie|dern, du gliederst
glimpf|lich
glit|schig
sie glitt ◁ gleiten
glit|zern, es glitzert
der Glo|bus,
die Glo|bus|se – Glo|ben
die Glo|cke, die Glo|cken
glot|zen, du glotzt

das **Glück**

glu|ckern, es gluckert

glück|lich

der **Glück|wunsch**,

die Glück|wün|sche

glü|hen, es glüht

die **Glut**, die Glu|ten

die **Gna|de**

gnä|dig

die **Gnoc|chi**

der **Go|ckel**, die Go|ckel

der **Go|kart**, die Go|karts

das **Gold**

gol|den

gol|dig

das **Golf** (Golfspiel)

der **Golf** (z.B. Golf von Mexiko),

die Gol|fe

die **Gon|del**, die Gon|deln

der **Gong**, die Gongs

gön|nen, du gönnst

es **goss** ◁ gießen

der **Gott**, die Göt|ter

die **Göt|tin**, die Göt|tin|nen

das **Grab**, die Grä|ber ❻

der **Gra|ben**, die Grä|ben

gra|ben, du gräbst,

er grub

du **gräbst** ◁ graben

der **Grad** (z.B. 3 °Celsius),

die Gra|de

das **Gramm** (z.B. 100 g),

die Gramm

die **Gram|ma|tik**,

die Gram|ma|ti|ken

gran|tig

die **Grape|fruit**, die Grape|fruits

das **Gras**, die Grä|ser ❹

gräss|lich

der **Grat** (z.B. der Berggrat),

die Gra|te

die **Grä|te**, die Grä|ten

gra|tis

gra|tu|lie|ren,

du gratulierst ❷

grau

der **Gräu|el**, die Gräu|el

grau|en, es graut

grau|en|haft

gräu|lich

grau|sam

sich **grau|sen**,

es graust mir – mich

grau|sig

grei|fen, du greifst, sie griff

der **Greis**, die Grei|se

die **Grei|sin**, die Grei|sin|nen

grell

die **Gren|ze**, die Gren|zen
Grie|chen|land
der **Grieß|brei**, die Grieß|breie
der **Griff**, die Grif|fe
sie **griff** ◁ greifen
der **Grill**, die Grills
die **Gril|le**, die Gril|len
gril|len, du grillst
die **Gri|mas|se**, die Gri|mas|sen
grim|mig
grin|sen, du grinst
die **Grip|pe**
grob, gröber, am gröbsten
grö|ber, am gröbsten ◁ grob
grol|len, du grollst
groß, größer, am größten
Groß|bri|tan|ni|en
die **Grö|ße**, die Grö|ßen ❼
die **Groß|el|tern**
grö|ßer, am größten ◁ groß
er **grub** ◁ graben
die **Gru|be**, die Gru|ben
grü|beln, du grübelst
grün
der **Grund**, die Grün|de
grün|den, du gründest
gründ|lich
der **Grund|riss**, die Grund|ris|se
grund|sätz|lich ❸

die **Grund|schu|le**,
die Grund|schu|len
grun|zen, du grunzt
die **Grup|pe**, die Grup|pen
sich **gru|seln**, es gruselt mich
der **Gruß**, die Grü|ße ❽
grü|ßen, du grüßt
gu|cken, du guckst
die **Gül|le**
gül|tig
der **Gum|mi** – das Gum|mi,
die Gum|mis ❺
der **Gum|mi|twist** –
das Gum|mi|twist
güns|tig
gur|geln, du gurgelst
die **Gur|ke**, die Gur|ken ❶
gur|ren, sie gurrt
der **Gurt**, die Gur|te
der **Gür|tel**, die Gür|tel
der **Guss**, die Güs|se
gut, besser, am besten
das **Gut**, die Gü|ter
das **Gu|te**
die **Gü|te**
gut|mü|tig
das **Gym|na|si|um**,
die Gym|na|si|en
die **Gym|nas|tik**

h (Stunde)

das **Haar**, die Haa|re

haa|rig

ha|ben, du hast, er hatte

hab|gie|rig

der **Ha|bicht**, die Ha|bich|te

die **Ha|cke**, die Ha|cken

ha|cken, du hackst

der **Ha|fen**, die Hä|fen

der **Ha|fer**

die **Haft**

der **Häft|ling**, die Häft|lin|ge

haf|ten, du haftest

die **Ha|ge|but|te**,

die Ha|ge|but|ten ❶

der **Ha|gel**

ha|geln, es hagelt

der **Hahn**, die Häh|ne

der **Hai**, die Haie

hä|keln, du häkelst

der **Ha|ken**, die Ha|ken

halb ❻

hal|bie|ren, du halbierst

die **Halb|zeit**, die Halb|zei|ten

sie **half** ◁ helfen

die **Hälf|te**, die Hälf|ten

die **Hal|le**, die Hal|len

hal|lo

der **Halm**, die Hal|me

der **Hals**, die Häl|se

halt|ma|chen – Halt

ma|chen, du machst halt –

du machst Halt

halt|bar

hal|ten, du hältst,

sie hielt

du **hältst** ◁ halten

die **Hal|te|stel|le**,

die Hal|te|stel|len

die **Hal|tung**, die Hal|tun|gen

Ham|burg

der **Ham|bur|ger**,

die Ham|bur|ger

hä|misch

der **Ham|mel**, die Ham|mel

der **Ham|mer**, die Häm|mer

häm|mern, du hämmerst

ham|peln, du hampelst

der **Hams|ter**, die Hams|ter

die **Hand**, die Hän|de ❻

der **Han|del**

han|deln, du handelst

der **Händ|ler**, die Händ|ler

die **Händ|le|rin**,
    die Händ|le|rin|nen
die **Hand|lung**, die Hand|lun|gen
die **Hand|schrift**,
    die Hand|schrif|ten
der **Hand|wer|ker**,
    die Hand|wer|ker
die **Hand|wer|ke|rin**,
    die Hand|wer|ke|rin|nen
das **Han|dy**, die Han|dys
der **Hang**, die Hän|ge
    hän|gen, du hängst,
    er hing – hängte
    hän|seln, du hänselst
der **Hap|pen**, die Hap|pen
    hap|py
das **Hap|py End** – Hap|py|end,
    die Hap|py Ends –
    Hap|py|ends
die **Hard|ware**, die Hard|wares
die **Har|ke**, die Har|ken
    harm|los
die **Har|pu|ne**, die Har|pu|nen
    hart, härter, am härtesten
    här|ter, am härtesten
    ◁ hart
    hart|nä|ckig
das **Harz**, die Har|ze
der **Ha|se**, die Ha|sen

die **Ha|sel|nuss**,
    die Ha|sel|nüs|se
der **Hass**
    has|sen, du hasst
    häss|lich
du **hast** ◁ haben
    has|tig ❻
er **hat** ◁ haben
er **hat|te** ◁ haben
    hau|chen, du hauchst
    hau|en, du haust
der **Hau|fen**, die Hau|fen
    häu|fig
das **Haupt**, die Häup|ter
der **Häupt|ling**,
    die Häupt|lin|ge ❹
die **Haupt|sa|che**,
    die Haupt|sa|chen
die **Haupt|schu|le**,
    die Haupt|schu|len
das **Haus**, die Häu|ser
    nach **Hau|se** – nach|hau|se
    zu **Hau|se** – zu|hau|se
der **Haus|halt**, die Haus|hal|te
die **Haut**, die Häu|te
die **Ha|xe**, die Ha|xen
die **Heb|am|me**,
    die Heb|am|men
der **He|bel**, die He|bel

A B C D E F G H I J K L M N O P Q R S T U V W X Y Z

he|ben, du hebst, sie hob
der **Hecht**, die Hech|te
die **He|cke**, die He|cken
das **Heer**, die Hee|re
die **He|fe**, die He|fen
das **Heft**, die Hef|te
hef|tig
die **Hei|de**, die Hei|den
die **Hei|del|bee|re**,
die Hei|del|bee|ren
heil
hei|len, es heilt
hei|lig ❻
der **Hei|lig|abend** – Hei|li|ger
Abend
Hei|li|ge Drei Kö|ni|ge
heim
das **Heim**, die Hei|me
die **Hei|mat**, die Hei|ma|ten
heim|lich
das **Heim|weh**
hei|ra|ten, du heiratest
hei|ser
heiß
hei|ßen, du heißt, er hieß
hei|ter
hei|zen, du heizt
die **Hei|zung**, die Hei|zun|gen
der **Held**, die Hel|den

die **Hel|din**, die Hel|din|nen
hel|fen, du hilfst, sie half
hell
die **Hel|lig|keit**
der **Helm**, die Hel|me
das **Hemd**, die Hem|den ❻
die **Hem|mung**,
die Hem|mun|gen
der **Hengst**, die Hengs|te
der **Hen|kel**, die Hen|kel
die **Hen|ne**, die Hen|nen
her
he|rab
he|rauf
he|raus
her|bei
die **Her|ber|ge**, die Her|ber|gen
der **Herbst**, die Herbs|te
der **Herd**, die Her|de
die **Her|de**, die Her|den
he|rein
der **He|ring**, die He|rin|ge
der **Herr**, die Her|ren
die **Her|rin**, die Her|rin|nen
herr|lich
herr|schen, du herrschst
her|stel|len, du stellst her
he|rü|ber
he|rum

he|run|ter
her|vor
her|vor|ra|gend
das **Herz**, die Her|zen
herz|lich
Hes|sen
die **Het|ze**
het|zen, du hetzt
das **Heu**
heu|cheln, du heuchelst
heu|len, du heulst
die **Heu|schre|cke**,
die Heu|schre|cken
heu|te
die **He|xe**, die He|xen
sie **hielt** ◁ halten
hier
hier|her
die **Hie|ro|gly|phe**,
die Hie|ro|gly|phen
er **hieß** ◁ heißen
die **Hil|fe**, die Hil|fen
hilf|los
hilfs|be|reit
du **hilfst** ◁ helfen
die **Him|bee|re**, die Him|bee|ren
der **Him|mel**, die Him|mel ❺
himm|lisch
hin

hi|nab
hi|nauf
hi|naus
das **Hin|der|nis**,
die Hin|der|nis|se
hi|nein
er **hing** ◁ hängen
hin|ken, du hinkst
hin|ten
hin|ter
hin|ter|ei|nan|der
der **Hin|ter|grund**,
die Hin|ter|grün|de
hin|ter|her
hin|ter|lis|tig
der **Hin|tern**, die Hin|tern
hin|ter|rücks
hi|nü|ber
hi|nun|ter
der **Hin|weis**, die Hin|wei|se
der **Hip-Hop** – Hip|hop
das **Hirn**, die Hir|ne
der **Hirsch**, die Hir|sche
der **Hit**, die Hits
die **Hit|ze**
hit|ze|frei
sie **hob** ◁ heben
das **Hob|by**, die Hob|bys
der **Ho|bel**, die Ho|bel

A B C D E F G H I J K L M N O P Q R S T U V W X Y Z

hoch, höher, am höchsten

höchs|tens

die **Hoch|zeit**, die Hoch|zei|ten

die **Ho|cke**, die Ho|cken

ho|cken, du hockst

das **Ho|ckey**

der **Ho|den**, die Ho|den

der **Hof**, die Hö|fe

hof|fen, du hoffst

hof|fent|lich

die **Hoff|nung**, die Hoff|nun|gen

höf|lich

die **Höf|lich|keit**,
die Höf|lich|kei|ten

die **Hö|he**, die Hö|hen

hö|her, am höchsten ◁ hoch

hohl

die **Höh|le**, die Höh|len

höh|nisch

der **Ho|kus|po|kus**

ho|len, du holst

Hol|land

die **Höl|le**, die Höl|len

höl|lisch

hol|pe|rig – holp|rig

das **Holz**, die Höl|zer

die **Home|page**,
die Home|pa|ges

der **Ho|nig**, die Ho|ni|ge

hopp

hop|peln, du hoppelst

hopp|la

hop|sen, du hopst

hör|bar

hor|chen, du horchst

hö|ren, du hörst

der **Ho|ri|zont**,
die Ho|ri|zon|te ❶

das **Horn**, die Hör|ner

das **Hörn|chen**, die Hörn|chen

die **Hor|nis|se**, die Hor|nis|sen

das **Ho|ros|kop**,
die Ho|ros|ko|pe ❶

der **Hort**, die Hor|te

die **Ho|se**, die Ho|sen

das **Hos|pi|tal**, die Hos|pi|tä|ler

die **Hos|tie**, die Hos|ti|en ❶

der **Hot|dog** – Hot Dog,
die Hot|dogs – Hot Dogs

das **Ho|tel**, die Ho|tels

die **Hot|line**, die Hot|lines

hübsch

der **Hub|schrau|ber**,
die Hub|schrau|ber

hu|cke|pack

der **Huf**, die Hu|fe

die **Hüf|te**, die Hüf|ten

der **Hü|gel**, die Hü|gel

hü|ge|lig – hüg|lig

das **Huhn**, die Hüh|ner

die **Hül|le**, die Hül|len

die **Hum|mel**, die Hum|meln ❺

der **Hu|mor**

hum|peln, du humpelst

der **Hund**, die Hun|de

hun|dert

der **Hun|ger**

hung|rig

die **Hu|pe**, die Hu|pen

hu|pen, du hupst

hüp|fen, du hüpfst

die **Hür|de**, die Hür|den

hur|ra

hu|schen, du huschst

der **Hus|ten**

hus|ten, du hustest

der **Hut**, die Hü|te

hü|ten, du hütest

die **Hüt|te**, die Hüt|ten

die **Hya|zin|the**,

die Hya|zin|then ❽

der **Hyd|rant**, die Hyd|ran|ten

die **Hy|gie|ne**

hy|gie|nisch

der **IC** (Intercity), die ICs

der **ICE** (Intercityexpress),

die ICEs

ich

ide|al

die **Idee**, die Ide|en ❽

der **Idi|ot**, die Idio|ten

die **Idio|tin**, die Idio|tin|nen

der **Igel**, die Igel

das **Ig|lu**, die Ig|lus

ihm

ihn

ih|nen

ihr

ih|re

im

der **Im|biss**, die Im|bis|se

der **Im|ker**, die Im|ker

die **Im|ke|rin**, die Im|ke|rin|nen

im|mer

der **Im|pe|ra|tiv**

imp|fen, du wirst geimpft

die **Imp|fung**, die Imp|fun|gen

im|po|nie|ren,
du imponierst

in

in|dem

in|des|sen

der **In|dia|ner**, die In|dia|ner ❷

die **In|dia|ne|rin**,
die In|dia|ne|rin|nen

die **In|dus|trie**, die In|dus|tri|en

in|ei|nan|der

die **In|fek|ti|on**,
die In|fek|tio|nen

der **In|fi|ni|tiv**, die In|fi|ni|ti|ve

die **In|for|ma|ti|on**,
die In|for|ma|tio|nen

in|for|mie|ren, du informierst

der **In|ge|ni|eur**,
die In|ge|ni|eu|re

die **In|ge|ni|eu|rin**,
die In|ge|ni|eu|rin|nen

der **In|ha|ber**, die In|ha|ber

die **In|ha|be|rin**,
die In|ha|be|rin|nen ❶

der **In|halt**, die In|hal|te

das **In|halts|ver|zeich|nis**,
die In|halts|ver|zeich|nis|se

der **In|li|ner**, die In|li|ner

in|nen

in|ner|halb

ins

das **In|sekt**, die In|sek|ten

die **In|sel**, die In|seln

das **In|se|rat**, die In|se|ra|te

ins|ge|samt

ins|tal|lie|ren, du installierst

der **Ins|tinkt**, die Ins|tink|te

das **Ins|ti|tut**, die Ins|ti|tu|te

das **Inst|ru|ment**,
die Inst|ru|men|te

in|tel|li|gent

die **In|tel|li|genz**

in|ten|siv

in|te|res|sant

das **In|te|res|se**,
die In|te|res|sen

sich **in|te|res|sie|ren**,
du interessierst dich

das **In|ter|nat**, die In|ter|na|te

in|ter|na|tio|nal

das **In|ter|net**

das **In|ter|view**, die In|ter|views

in|ter|vie|wen,
du interviewst

die **Inu|it**

der **Inuk**, die Inu|it

in|zwi|schen

ir|gend|et|was

ir|gend|wann

ir|gend|wie

ir|gend|wo

Ir|land

ir|ren, du irrst

der **Irr|tum**, die Irr|tü|mer

der **Is|lam**

is|la|misch

iso|lie|ren, du isolierst

du **isst** ◁ essen

es **ist**, es war ◁ sein

Ita|li|en

ja

die **Jacht** – Yacht,

die Jach|ten – Yach|ten

die **Ja|cke**, die Ja|cken

der **Jack|pot**, die Jack|pots

die **Jagd**, die Jag|den

ja|gen, du jagst

der **Ja|gu|ar**, die Ja|gu|are ❶

das **Jahr**, die Jah|re

das **Jahr|hun|dert**,

die Jahr|hun|der|te

jähr|lich

jäh|zor|nig

die **Ja|lou|sie**, die Ja|lou|si|en

jäm|mer|lich

jam|mern, du jammerst

der **Ja|nu|ar**

jap|sen, du japst

der **Jas|min**

jä|ten, du jätest

die **Jau|che**, die Jau|chen

jauch|zen, du jauchzt

jau|len, er jault

ja|wohl

der **Jazz**

je

die **Jeans**, die Jeans

je|de

je|der
je|des
je|den|falls
je|doch
der **Jeep**, die Jeeps
je|mals
je|mand
je|ne
je|ner
je|nes
jen|seits
Je|sus
der **Jet**, die Jets
jetzt
je|weils
der **Job**, die Jobs
job|ben, du jobbst
das **Jod**
jo|deln, du jodelst
das **Jo**|ga – der Jo|ga – Yo|ga
jog|gen, du joggst
das **Jog**|ging
der **Jo**|ghurt –
das Jo|ghurt – Jo|gurt,
die Jo|ghurts – Jo|gurts
die **Jo**|han|nis|bee|re,
die Jo|han|nis|bee|ren ❷
joh|len, du johlst

das **Jo-Jo** – Yo-Yo,
die Jo-Jos – Yo-Yos
der **Jo**|ker, die Jo|ker
Jom Kip|pur
jong|lie|ren, du jonglierst
der **Jour**|na|list,
die Jour|na|lis|ten
die **Jour**|na|lis|tin,
die Jou|na|lis|tin|nen
der **Joy**|stick, die Joy|sticks
ju|beln, du jubelst
das **Ju**|bi|lä|um,
die Ju|bi|lä|en ❶
juch|zen, du juchzt
ju|cken, es juckt
der **Ju**|de, die Ju|den
die **Jü**|din, die Jü|din|nen
das **Ju**|do
die **Ju**|gend
die **Ju**|gend|her|ber|ge,
die Ju|gend|her|ber|gen
ju|gend|lich
ju|hu
der **Ju**|li
der **Jum**|bo, die Jum|bos
jung, jünger, am jüngsten
das **Jun**|ge (Tierkind),
die Jun|gen

der **Jun|ge** (männliches Kind),
　die Jun|gen
　jün|ger, am jüngsten ◁ jung
der **Ju|ni**

der **Ju|pi|ter**
die **Ju|ry**, die Ju|rys
das **Ju|wel**, die Ju|we|len
der **Jux**, die Ju|xe ❽

das **Ka|bel**, die Ka|bel
die **Ka|bi|ne**, die Ka|bi|nen
die **Ka|chel**, die Ka|cheln
der **Kä|fer**, die Kä|fer
der **Kaf|fee**
der **Kä|fig**, die Kä|fi|ge
　kahl
der **Kahn**, die Kä|hne
der **Kai** – Quai, die Kais – Quais
der **Kai|ser**, die Kai|ser
die **Kai|se|rin**,
　die Kai|se|rin|nen
der **Ka|jak** – das Ka|jak,
　die Ka|jaks
der **Ka|ka|du**, die Ka|ka|dus
der **Ka|kao**
der **Kak|tus**, die Kak|te|en
das **Kalb**, die Käl|ber

der **Ka|len|der**, die Ka|len|der
der **Kalk**
die **Ka|lo|rie**, die Ka|lo|ri|en
　kalt, kälter, am kältesten
die **Käl|te** ❹
　käl|ter, am kältesten ◁ kalt
　er **kam** ◁ kommen
das **Ka|mel**, die Ka|me|le
die **Ka|me|ra**, die Ka|me|ras ❶
der **Ka|me|rad**,
　die Ka|me|ra|den
die **Ka|me|ra|din**,
　die Ka|me|ra|din|nen
die **Ka|mil|le**, die Ka|mil|len
der **Ka|min**, die Ka|mi|ne
der **Kamm**, die Käm|me
　käm|men, du kämmst
die **Kam|mer**, die Kam|mern

der **Kampf**, die Kämp|fe
kämp|fen, du kämpfst
der **Ka|nal**, die Ka|nä|le
der **Ka|na|ri|en|vo|gel**,
die Ka|na|ri|en|vö|gel ❶
der **Kan|di|dat**,
die Kan|di|da|ten
die **Kan|di|da|tin**,
die Kan|di|da|tin|nen
das **Kän|gu|ru**, die Kän|gu|rus
das **Ka|nin|chen**,
die Ka|nin|chen
der **Ka|nis|ter**, die Ka|nis|ter
er **kann** ◁ können
die **Kan|ne**, die Kan|nen
du **kannst** ◁ können
sie **kann|te** ◁ kennen
der **Ka|non**, die Ka|nons
die **Ka|no|ne**, die Ka|no|nen
die **Kan|te**, die Kan|ten
kan|tig
die **Kan|ti|ne**, die Kan|ti|nen
das **Ka|nu**, die Ka|nus
die **Kan|zel**, die Kan|zeln
der **Kanz|ler**, die Kanz|ler
die **Kanz|le|rin**,
die Kanz|le|rin|nen
die **Ka|pel|le**, die Ka|pel|len
ka|pie|ren, du kapierst

der **Ka|pi|tän**, die Ka|pi|tä|ne
die **Ka|pi|tä|nin**,
die Ka|pi|tä|nin|nen
das **Ka|pi|tel**, die Ka|pi|tel
die **Kap|pe**, die Kap|pen
die **Kap|sel**, die Kap|seln
ka|putt
die **Ka|pu|ze**, die Ka|pu|zen
das **Ka|ra|te**
die **Ka|ra|wa|ne**,
die Ka|ra|wa|nen
der **Kar|di|nal**, die Kar|di|nä|le
der **Kar|frei|tag**
ka|riert
die **Ka|ri|es**
der **Kar|ne|val**
das **Kar|ni|ckel**, die Kar|ni|ckel
das **Ka|ro**, die Ka|ros
die **Ka|rot|te**, die Ka|rot|ten ❺
der **Karp|fen**, die Karp|fen
die **Kar|re**, die Kar|ren
die **Kar|te**, die Kar|ten
die **Kar|tei**, die Kar|tei|en
die **Kar|tof|fel**, die Kar|tof|feln
der **Kar|ton**, die Kar|tons
das **Ka|rus|sell**, die Ka|rus|sells
der **Kä|se**
die **Ka|ser|ne**, die Ka|ser|nen
die **Kas|se**, die Kas|sen

kas|sie|ren, du kassierst

die Kas|ta|nie, die Kas|ta|ni|en

der Kas|ten, die Käs|ten

der Ka|ta|log, die Ka|ta|lo|ge

die Ka|tast|ro|phe,
die Ka|tast|ro|phen ❷

ka|tast|ro|phal

der Ka|ter, die Ka|ter

ka|tho|lisch

die Kat|ze, die Kat|zen

kau|en, du kaust

kau|ern, du kauerst

kau|fen, du kaufst

der Käu|fer, die Käu|fer

die Käu|fe|rin,
die Käu|fe|rin|nen

der Kau|gum|mi –
das Kau|gum|mi,
die Kau|gum|mis

die Kaul|quap|pe,
die Kaul|quap|pen

kaum

der Kauz, die Käu|ze

KB (Kilobyte)

der Ke|bab, die Ke|babs

der Ke|gel, die Ke|gel

ke|geln, du kegelst

die Keh|le, die Keh|len

keh|ren, du kehrst

kei|fen, du keifst

der Keil, die Kei|le

der Keim, die Kei|me

kei|men, es keimt

kein

kei|ne

kei|ner

kei|nes

kei|nes|falls

kei|nes|wegs

der Keks – das Keks,
die Kek|se ❽

der Kelch, die Kel|che

die Kel|le, die Kel|len

der Kel|ler, die Kel|ler

ken|nen, du kennst,
sie kannte

kenn|zeich|nen,
du kennzeichnest

die Ker|be, die Ker|ben

der Kerl, die Ker|le

der Kern, die Ker|ne

das Kern|kraft|werk,
die Kern|kraft|wer|ke

die Ker|ze, die Ker|zen

der Kes|sel, die Kes|sel

der Ket|chup – das Ket|chup –
Ket|schup,
die Ket|chups – Ket|schups

die **Ket**|te, die Ket|ten

keu|chen, du keuchst

die **Keu**|le, die Keu|len

das **Key**|**board**, die Key|boards

Kfz (Kraftfahrzeug)

kg (Kilogramm)

ki|chern, du kicherst

das **Kid**, die Kids

der **Kie**|fer (z.B. Unterkiefer),
die Kie|fer

die **Kie**|**fer** (Nadelbaumart),
die Kie|fern

der **Kiel**, die Kie|le

die **Kie**|me, die Kie|men

der **Kies**

der **Kie**|sel, die Kie|sel

das **Ki**|lo|**byte** (z.B. 2 KB),
die Ki|lo|byte – Ki|lo|bytes

das **Ki**|lo|**gramm** (z.B. 2 kg),
die Ki|lo|gramm

der **Ki**|lo|**me**|ter (z.B. 50 km),
die Ki|lo|me|ter

das **Kind**, die Kin|der

kind|lich

das **Kinn**, die Kin|ne

das **Ki**|**no**, die Ki|nos

der **Ki**|**osk**, die Ki|os|ke

kip|pen, du kippst

die **Kir**|che, die Kir|chen ❶

die **Kir**|mes

die **Kir**|sche, die Kir|schen

das **Kis**|sen, die Kis|sen ❺

die **Kis**|te, die Kis|ten

die **Ki**|ta, die Ki|tas

kit|schig

der **Kitt**

der **Kit**|tel, die Kit|tel

kit|ze|lig – kitz|lig

kit|zeln, du kitzelst

die **Ki**|wi, die Ki|wis

kläf|fen, er kläfft

die **Kla**|ge, die Kla|gen

kla|gen, du klagst

die **Klam**|mer, die Klam|mern

klam|mern, du klammerst

die **Kla**|mot|te, die Kla|mot|ten

der **Klang**, die Klän|ge

es **klang** ◁ klingen

die **Klap**|pe, die Klap|pen

klap|pen, es klappt

klap|pern, es klappert

der **Klaps**, die Klap|se

klar

die **Klär**|an|la|ge,
die Klär|an|la|gen

klä|ren, du klärst

die **Kla**|ri|net|te,
die Kla|ri|net|ten

die **Klas|se**, die Klas|sen
klat|schen, du klatschst
die **Klaue**, die Klau|en
klau|en, du klaust
das **Kla|vier**, die Kla|vie|re
kle|ben, du klebst
kleb|rig ❻
der **Kleb|stoff**, die Kleb|stof|fe
kle|ckern, du kleckerst
der **Klecks**, die Kle|ckse
kleck|sen, du kleckst
der **Klee**, die Klees
das **Kleid**, die Klei|der
die **Klei|dung**
klein
die **Klei|nig|keit**,
die Klei|nig|kei|ten
klein|lich
der **Kleis|ter**, die Kleis|ter
klem|men, es klemmt
der **Klemp|ner**, die Klemp|ner
die **Klemp|ne|rin**,
die Klemp|ne|rin|nen
die **Klet|te**, die Klet|ten
der **Klett|ver|schluss**,
die Klett|ver|schlüs|se
klet|tern, du kletterst
das **Kli|ma**,
die Kli|ma|ta – Kli|mas

der **Klimm|zug**, die Klimm|zü|ge
klim|pern, du klimperst
die **Klin|ge**, die Klin|gen
die **Klin|gel**, die Klin|geln
klin|geln, du klingelst
klin|gen, es klingt, es klang
die **Kli|nik**, die Kli|ni|ken
die **Klip|pe**, die Klip|pen
klir|ren, es klirrt
das **Klo**, die Klos
klop|fen, du klopfst
der **Klops**, die Klop|se
der **Kloß**, die Klö|ße
das **Klos|ter**, die Klös|ter
der **Klotz**, die Klöt|ze
der **Klub** – Club,
die Klubs – Clubs
klug, klüger, am klügsten
klü|ger, am klügsten ◁ klug
die **Klug|heit**
der **Klum|pen**, die Klum|pen
km (Kilometer)
knab|bern, du knabberst
der **Kna|be**, die Kna|ben
das **Knä|cke|brot**,
die Knä|cke|bro|te ❷
kna|cken, du knackst
der **Knall**, die Knal|le
knal|len, es knallt

knapp

knar|ren, es knarrt

knat|tern, es knattert

das **Knäu|el** – der Knäu|el,
die Knäu|el

knau|se|rig – knaus|rig

knau|sern, du knauserst

der **Kne|bel**, die Kne|bel

der **Knecht**, die Knech|te

knei|fen, du kneifst, er kniff

die **Knei|pe**, die Knei|pen

kne|ten, du knetest

kni|cken, du knickst

das **Knie**, die Knie

der **Kniff**, die Knif|fe

er **kniff** ◁ kneifen

knif|fe|lig – kniff|lig

knip|sen, du knipst

der **Knirps**, die Knirp|se

knir|schen, es knirscht

knis|tern, es knistert

knit|tern, es knittert

kno|beln, du knobelst

der **Knob|lauch**

der **Knö|chel**, die Knö|chel

der **Kno|chen**, die Kno|chen

der **Knö|del**, die Knö|del

die **Knol|le**, die Knol|len

der **Knopf**, die Knöp|fe

knöp|fen, du knöpfst

der **Knor|pel**, die Knor|pel

knor|rig

die **Knos|pe**, die Knos|pen

der **Kno|ten**, die Kno|ten

kno|ten, du knotest

knül|len, du knüllst

knüp|fen, du knüpfst

der **Knüp|pel**, die Knüp|pel

knur|ren, du knurrst

knus|pe|rig – knusp|rig

knut|schen, du knutschst

der **Koa|la**, die Koa|las

k. o.

der **Ko|bold**, die Ko|bol|de

die **Kob|ra**, die Kob|ras

der **Koch**, die Kö|che

die **Kö|chin**, die Kö|chin|nen

ko|chen, du kochst

der **Kode** – Code,
die Kodes – Codes

der **Kö|der**, die Kö|der

kö|dern, du köderst

der **Kof|fer**, die Kof|fer

der **Kohl**, die Koh|le

die **Koh|le**, die Koh|len

die **Koh|len|säu|re**

die **Ko|kos|nuss**,
die Ko|kos|nüs|se

der **Kol**|**ben**, die Kol|ben
der **Kol**|**le**|**ge**, die Kol|le|gen
die **Kol**|**le**|**gin**,
  die Kol|le|gin|nen
die **Ko**|**lon**|**ne**, die Ko|lon|nen
das **Ko**|**ma**,
  die Ko|mas – Ko|ma|ta
der **Kom**|**bi**, die Kom|bis
  kom|**bi**|**nie**|**ren**,
  du kombinierst
der **Ko**|**met**, die Ko|me|ten
  kom|**for**|**ta**|**bel**
  ko|**misch** ❶
das **Kom**|**ma**,
  die Kom|mas – Kom|ma|ta
das **Kom**|**man**|**do**,
  die Kom|man|dos
  kom|**man**|**die**|**ren**,
  du kommandierst ❺
  kom|**men**, du kommst,
  er kam
der **Kom**|**men**|**tar**,
  die Kom|men|ta|re
der **Kom**|**mis**|**sar**,
  die Kom|mis|sa|re
die **Kom**|**mis**|**sa**|**rin**,
  die Kom|mis|sa|rin|nen
die **Kom**|**mo**|**de**,
  die Kom|mo|den

die **Kom**|**mu**|**ni**|**on**,
  die Kom|mu|nio|nen
  kom|**mu**|**ni**|**zie**|**ren**,
  du kommunizierst
die **Ko**|**mö**|**die**, die Ko|mö|di|en
der **Kom**|**pass**, die Kom|pas|se
  kom|**plett**
das **Kom**|**pli**|**ment**,
  die Kom|pli|men|te
  kom|**pli**|**ziert**
der **Kom**|**po**|**nist**,
  die Kom|po|nis|ten
die **Kom**|**po**|**nis**|**tin**,
  die Kom|po|nis|tin|nen
der **Kom**|**post**, die Kom|pos|te
das **Kom**|**pott**, die Kom|pot|te
die **Kom**|**pres**|**se**,
  die Kom|pres|sen
der **Kom**|**pro**|**miss**,
  die Kom|pro|mis|se
die **Kon**|**di**|**ti**|**on**,
  die Kon|di|tio|nen
die **Kon**|**di**|**to**|**rei**,
  die Kon|di|to|rei|en
die **Kon**|**fe**|**renz**,
  die Kon|fe|ren|zen
die **Kon**|**fes**|**si**|**on**,
  die Kon|fes|sio|nen
das **Kon**|**fet**|**ti**, die Kon|fet|ti

die **Kon|fir|ma|ti|on**,
    die Kon|fir|ma|tio|nen
die **Kon|fi|tü|re**,
    die Kon|fi|tü|ren
der **Kon|flikt**, die Kon|flik|te
der **Kö|nig**, die Kö|ni|ge
die **Kö|ni|gin**, die Kö|ni|gin|nen
die **Kon|kur|renz**,
    die Kon|kur|ren|zen
    kön|nen, du kannst,
    er konnte
   er **konn|te** ◁ können
der **Kon|rek|tor**,
    die Kon|rek|to|ren
die **Kon|rek|to|rin**,
    die Kon|rek|to|rin|nen
die **Kon|ser|ve**, die Kon|ser|ven
der **Kon|so|nant**,
    die Kon|so|nan|ten
die **Kons|truk|ti|on**,
    die Kons|truk|tio|nen
    kons|tru|ie|ren,
    du konstruierst
der **Kon|sum**
der **Kon|takt**, die Kon|tak|te
der **Kon|ti|nent**,
    die Kon|ti|nen|te
das **Kon|to**, die Kon|ten
    kont|ra

der **Kont|rast**, die Kont|ras|te
die **Kont|rol|le**, die Kont|rol|len
    kont|rol|lie|ren,
    du kontrollierst **❷**
die **Kon|zen|tra|ti|on**
sich **kon|zen|trie|ren**,
    du konzentrierst dich
das **Kon|zert**, die Kon|zer|te
der **Kopf**, die Köp|fe
die **Ko|pie**, die Ko|pi|en
    ko|pie|ren, du kopierst
der **Ko|pie|rer**, die Ko|pie|rer
die **Kop|pel**, die Kop|peln
der **Ko|ran**, die Ko|ra|ne
der **Korb**, die Kör|be
die **Kor|del**, die Kor|deln
der **Kor|ken**, die Kor|ken
das **Korn**, die Kör|ner
der **Kör|per**, die Kör|per
    kor|rekt
die **Kor|rek|tur**,
    die Kor|rek|tu|ren
    kor|ri|gie|ren, du korrigierst
die **Kos|me|tik**
der **Kos|mos**
die **Kost**
    kost|bar ❸
    kos|ten, du kostest
    kos|ten, es kostet

köst|lich
das Kos|tüm, die Kos|tü|me
der Kot
das Ko|te|lett, die Ko|te|letts
der Kö|ter, die Kö|ter
kot|zen, du kotzt
die Krab|be, die Krab|ben
krab|beln, du krabbelst
der Krach, die Krä|che
kra|chen, es kracht
kräch|zen, du krächzt
die Kraft, die Kräf|te
kräf|tig
das Kraft|fahr|zeug (Kfz),
die Kraft|fahr|zeu|ge
der Kra|gen,
die Kra|gen – Krä|gen
die Krä|he, die Krä|hen
krä|hen, du krähst
die Kra|ke – der Kra|ke,
die Kra|ken
kra|keln, du krakelst
kra|ke|lig – krak|lig
die Kral|le, die Kral|len
kra|men, du kramst
der Krampf, die Krämp|fe
der Kran, die Krä|ne
der Kra|nich, die Kra|ni|che
krank, kränker, am kränksten

krän|ken, du kränkst ❹
krän|ker,
am kränksten ◁ krank
die Krank|heit,
die Krank|hei|ten
der Kranz, die Krän|ze
krass
der Kra|ter, die Kra|ter
krat|zen, du kratzt
krau|len, du kraulst
kraus
das Kraut, die Kräu|ter
der Kra|wall, die Kra|wal|le
die Kra|wat|te, die Kra|wat|ten
kra|xeln, du kraxelst ❽
krea|tiv
der Krebs, die Kreb|se
der Kre|dit, die Kre|di|te
die Krei|de, die Krei|den
krei|de|bleich
der Kreis, die Krei|se
krei|schen, du kreischst
der Krei|sel, die Krei|sel
krei|sen, du kreist
das Krepp|pa|pier
die Kres|se
das Kreuz, die Kreu|ze
die Kreu|zung, die Kreu|zun|gen
krib|beln, es kribbelt

krie|chen, du kriechst,
er kroch
der Krieg, die Krie|ge
krie|gen, du kriegst
der Kri|mi, die Kri|mis
die Kri|mi|nal|po|li|zei
kri|mi|nell
der Krin|gel, die Krin|gel
die Krip|pe, die Krip|pen
die Kri|se, die Kri|sen
die Kri|tik, die Kri|ti|ken
kri|ti|sie|ren, du kritisierst
krit|zeln, du kritzelst
Kroa|ti|en
er kroch ◁ kriechen
das Kro|ko|dil, die Kro|ko|di|le
der Kro|kus, die Kro|kus|se
die Kro|ne, die Kro|nen
die Krö|te, die Krö|ten
die Krü|cke, die Krü|cken
der Krug, die Krü|ge
der Krü|mel, die Krü|mel
krumm
sich krüm|men, du krümmst dich
die Krus|te, die Krus|ten
der Kü|bel, die Kü|bel
die Kü|che, die Kü|chen
der Ku|chen, die Ku|chen
der Ku|ckuck, die Ku|cku|cke

die Ku|fe, die Ku|fen
die Ku|gel, die Ku|geln
die Kuh, die Kü|he
kühl
küh|len, es kühlt
kühn
das Kü|ken, die Kü|ken
die Ku|lis|se, die Ku|lis|sen
kul|lern, du kullerst ❺
die Kul|tur, die Kul|tu|ren
der Küm|mel
der Kum|mer
sich küm|mern,
du kümmerst dich
der Kum|pel, die Kum|pel
der Kun|de, die Kun|den
kün|di|gen, du kündigst
die Kun|din, die Kun|din|nen
künf|tig
die Kunst, die Küns|te
der Künst|ler, die Künst|ler
die Künst|le|rin,
die Künst|le|rin|nen
künst|lich ❸
kun|ter|bunt
das Kup|fer
die Kup|pe, die Kup|pen
die Kur, die Ku|ren
die Kür, die Kü|ren

die **Kur|bel**, die Kur|beln
kur|beln, du kurbelst
der **Kür|bis**, die Kür|bis|se
der **Kurs**, die Kur|se
die **Kur|ve**, die Kur|ven
kurz, kürzer, am kürzesten
kurz|är|me|lig
– kurz|ärm|lig
kür|zen, du kürzt

kür|zer, am kürzesten ◁ kurz
kürz|lich
kurz|sich|tig
ku|scheln, du kuschelst
der **Kuss**, die Küs|se
küs|sen, du küsst
die **Küs|te**, die Küs|ten
die **Kut|sche**, die Kut|schen
der **Kut|ter**, die Kut|ter

l (Liter)
das **La|bor**,
die La|bors – La|bo|re
das **La|by|rinth**,
die La|by|rin|the ❽
lä|cheln, du lächelst
la|chen, du lachst
lä|cher|lich
der **Lachs**, die Lach|se
der **Lack**, die La|cke
la|ckie|ren, du lackierst
der **La|den**, die Lä|den
la|den, du lädst, er lud

du **lädst** ◁ laden
die **La|dung**, die La|dun|gen
sie **lag** ◁ liegen
das **La|ger**, die La|ger
lahm
die **Läh|mung**, die Läh|mun|gen
der **Laib** (z.B. Brotlaib),
die Lai|be
der **Laich**, die Lai|che
der **Laie**, die Lai|en
das **La|ken**, die La|ken
die **Lak|rit|ze**, die La|krit|zen ❷
lal|len, du lallst

129

das **La|met|ta**

das **Lamm**, die Läm|mer

die **Lam|pe**, die Lam|pen

der **Lam|pi|on**, die Lam|pi|ons

das **Land**, die Län|der

lan|den, du landest

die **Land|schaft**,
die Land|schaf|ten

die **Lan|dung**, die Lan|dun|gen

die **Land|wirt|schaft**,
die Land|wirt|schaf|ten

lang, länger, am längsten

lang|är|me|lig –
lang|ärm|lig

die **Län|ge**, die Län|gen

lan|gen, es langt

län|ger, am längsten ◁ lang

die **Lan|ge|wei|le**

läng|lich ❸

lang|sam

längst

lang|wei|lig ❻

der **Lap|pen**, die Lap|pen

der **Lap|top**, die Lap|tops

die **Lär|che** (Nadelbaum),
die Lär|chen

der **Lärm**

lär|men, du lärmst

die **Lar|ve**, die Lar|ven

er **las** ◁ lesen

der **La|ser**

las|sen, du lässt, sie ließ

das **Las|so**, die Las|sos

du **lässt** ◁ lassen

der **Las|ter**, die Las|ter

der **Last|wa|gen**,
die Last|wa|gen

läs|tern, du lästerst

läs|tig

das **La|tein**

die **La|ter|ne**, die La|ter|nen

die **Lat|te**, die Lat|ten

das **Laub**

die **Lauch**, die Lau|che

lau|ern, du lauerst

der **Lauf**, die Läu|fe

lau|fen, du läufst, sie lief

der **Läu|fer**, die Läu|fer

die **Läu|fe|rin**, die Läu|fe|rin|nen

du **läufst** ◁ laufen

die **Lau|ne**, die Lau|nen

lau|nisch

die **Laus**, die Läu|se

lau|schen, du lauschst

laut

der **Laut**, die Lau|te

läu|ten, du läutest

lau|warm

die **La**|**va**

der **La**|**ven**|**del**, die La|ven|del

die **La**|**wi**|**ne**, die La|wi|nen

le|**ben**, du lebst

das **Le**|**ben**, die Le|ben

le|**ben**|**dig**

die **Le**|**ber**, die Le|bern

leb|**haft**

der **Leb**|**ku**|**chen**,
die Leb|ku|chen

das **Leck**, die Lecks

le|**cken**, du leckst

le|**cker**

das **Le**|**der**, die Le|der

le|**dig**

leer

lee|**ren**, du leerst

le|**gen**, du legst

die **Le**|**gen**|**de**, die Le|gen|den

der **Lehm**, die Leh|me

die **Leh**|**ne**, die Leh|nen

sich **leh**|**nen**, du lehnst dich

die **Leh**|**re**, die Leh|ren

leh|**ren**, du lehrst ❹

der **Leh**|**rer**, die Leh|rer

die **Leh**|**re**|**rin**, die Leh|re|rin|nen

der **Leib** (Körper), die Lei|ber

die **Lei**|**che**, die Lei|chen

leicht

die **Leicht**|**ath**|**le**|**tik**

der **Leicht**|**sinn**

leicht|**sin**|**nig**

lei|**den**, du leidest, er litt

die **Lei**|**den**|**schaft**,
die Lei|den|schaf|ten

lei|**den**|**schaft**|**lich**

lei|**der**

leid|**tun**, du tust mir leid

lei|**hen**, du leihst, er lieh

der **Leim**, die Lei|me

die **Lei**|**ne**, die Lei|nen

lei|**se**

die **Leis**|**te**, die Leis|ten

leis|**ten**, du leistest

die **Leis**|**tung**, die Leis|tun|gen

lei|**ten**, du leitest

die **Lei**|**ter**, die Lei|tern

der **Lei**|**ter**, die Lei|ter

die **Lei**|**ter**|**in**, die Lei|te|rin|nen

die **Lei**|**tung**, die Lei|tun|gen

die **Lek**|**tü**|**re**, die Lek|tü|ren

len|**ken**, du lenkst

die **Len**|**kung**, die Len|kung|en

der **Leo**|**pard**, die Leo|par|den

die **Ler**|**che** (Vogel),
die Ler|chen

ler|**nen**, du lernst

le|**sen**, du liest, er las

A B C D E F G H I J K L M N O P Q R S T U V W X Y Z

der **Le|ser**, die Le|ser
die **Le|ser|in**, die Le|se|rin|nen
le|ser|lich ❸
Lett|land
letz|te
letz|ter
letz|tes
leuch|ten, du leuchtest
der **Leuch|ter**, die Leuch|ter
leug|nen, du leugnest
die **Leu|te**
das **Le|xi|kon**,
die Le|xi|ka – Le|xi|ken
die **Li|bel|le**, die Li|bel|len
das **Licht**, die Lich|ter
die **Lich|tung**, die Lich|tun|gen
das **Lid** (Augenlid), die Li|der
lieb
die **Lie|be**
lieb|lich
der **Lieb|ling**, die Lieb|lin|ge
das **Lied** (z.B. Gesang),
die Lie|der
sie **lief** ◁ laufen
lie|fern, du lieferst
die **Lie|fe|rung**,
die Lie|fe|run|gen
die **Lie|ge**, die Lie|gen
lie|gen, du liegst, sie lag

er **lieh** ◁ leihen
sie **ließ** ◁ lassen
du **liest** ◁ lesen
die **Li|ga**, die Li|gen
li|la
die **Li|lie**, die Li|li|en
die **Li|mo|na|de**,
die Li|mo|na|den
die **Lin|de**, die Lin|den
das **Li|ne|al**, die Li|nea|le
die **Li|nie**, die Li|ni|en
li|niert
links
die **Lin|se**, die Lin|sen
die **Lip|pe**, die Lip|pen
lis|peln, du lispelst
die **List**, die Lis|ten
die **Lis|te**, die Lis|ten
lis|tig
Li|tau|en
der **Li|ter** – das Li|ter (z.B. 2 l),
die Li|ter
die **Li|te|ra|tur**
er **litt** ◁ leiden
live
das **Lob**, die Lo|be
lo|ben, du lobst
das **Loch**, die Lö|cher
lo|chen, du lochst

lö|che|rig – löch|rig

die Lo|cke, die Lo|cken

lo|cken, du lockst

lo|cker

lo|ckern, du lockerst

lo|ckig ❻

lo|dern, es lodert

der Löf|fel, die Löf|fel

sie log ◁ lügen

lo|gisch

der Lohn, die Löh|ne

sich loh|nen, es lohnt sich

die Loi|pe, die Loi|pen

die Lok, die Loks

die Lo|ko|mo|ti|ve,
die Lo|ko|mo|ti|ven ❶

los

das Los, die Lo|se

lös|bar

lö|schen, du löschst

lo|se

lo|sen, du lost

lö|sen, du löst

lös|lich

die Lö|sung, die Lö|sun|gen

lö|ten, du lötest

der Lot|se, die Lot|sen

die Lot|sin, die Lot|sin|nen

die Lot|te|rie, die Lot|te|ri|en

das Lot|to

der Lö|we, die Lö|wen

der Lö|wen|zahn

der Luchs, die Luch|se ❽

die Lü|cke, die Lü|cken

lü|cken|los

er lud ◁ laden

die Luft, die Lüf|te

lüf|ten, du lüftest

luf|tig

die Lüf|tung, die Lüf|tun|gen

die Lü|ge, die Lü|gen

lü|gen, du lügst, sie log

die Lu|ke, die Lu|ken

sich lüm|meln, du lümmelst dich

der Lum|pen, die Lum|pen

lum|pig

die Lun|ge, die Lun|gen

die Lu|pe, die Lu|pen

die Lust, die Lüs|te

lus|tig ❻

lut|schen, du lutschst

Lu|xem|burg

lu|xu|ri|ös

der Lu|xus

A
B
C
D
E
F
G
H
I
J
K
L
M
N
O
P
Q
R
S
T
U
V
W
X
Y
Z

M

m (Meter)

ma|chen, du machst

die **Macht**, die Mäch|te

mäch|tig

das **Mäd|chen**, die Mäd|chen

die **Ma|de**, die Ma|den

der **Ma|gen**,
die Mä|gen – Ma|gen

ma|ger

die **Ma|gie**

der **Mag|net**,
die Mag|ne|te – Mag|ne|ten

mag|ne|tisch

du **magst** ◁ mögen

mä|hen, du mähst

mah|len (z.B. Mehl mahlen),
du mahlst

die **Mahl|zeit**, die Mahl|zei|ten

die **Mäh|ne**, die Mäh|nen

mah|nen, du mahnst

die **Mah|nung**, die Mah|nun|gen

der **Mai**

die **Mail|box**, die Mail|bo|xen

mai|len, du mailst

der **Main**

der **Mais** ❽

die **Ma|jes|tät**, die Ma|jes|tä|ten

die **Ma|jo|nä|se** – Ma|yon|naise

das **Make-up**, die Make-ups

die **Mak|ka|ro|ni**

das **Mal**, die Ma|le

mal

ma|len (z.B. Bild malen),
du malst

Mal|ta

die **Ma|ma**, die Ma|mas

das **Mam|mut**,
die Mam|mu|te – Mam|muts

man

der **Ma|na|ger**, die Ma|na|ger

die **Ma|na|ge|rin**,
die Ma|na|ge|rin|nen

man|che

man|cher

man|ches

manch|mal

das **Man|da|la**, die Man|da|las

die **Man|da|ri|ne**,
die Man|da|ri|nen ❶

die **Man|del**, die Man|deln

die **Ma|ne|ge**, die Ma|ne|gen

der **Manga** – das Man|ga,
die Man|gas

der **Man|gel**, die Män|gel
man|gel|haft
der **Mann**, die Män|ner
männ|lich
die **Mann|schaft**,
die Mann|schaf|ten
der **Man|tel**, die Män|tel
die **Map|pe**, die Map|pen
der **Ma|ra|thon**, die Ma|ra|thons
das **Mär|chen**, die Mär|chen
der **Mar|der**, die Mar|der
die **Mar|ga|ri|ne**
die **Mar|ge|ri|te**,
die Mar|ge|ri|ten
Ma|riä Him|mel|fahrt
die **Ma|rio|net|te**,
die Ma|rio|net|ten
die **Mar|ke**, die Mar|ken
mar|kie|ren, du markierst
der **Markt**, die Märk|te
die **Mar|me|la|de**,
die Mar|me|la|den
der **Mars**
der **Marsch**, die Mär|sche
mar|schie|ren,
du marschierst
der **März**
das **Mar|zi|pan**
die **Ma|sche**, die Ma|schen

die **Ma|schi|ne**, die Ma|schi|nen
die **Ma|sern**
die **Mas|ke**, die Mas|ken
sich **mas|kie|ren**,
du maskierst dich
das **Mas|kott|chen**,
die Mas|kott|chen
das **Maß**, die Ma|ße
sie **maß** ◁ messen
die **Mas|sa|ge**, die Mas|sa|gen
die **Mas|se**, die Mas|sen
mas|sie|ren, du massierst
mä|ßig
mas|siv
die **Maß|nah|me**,
die Maß|nah|men
der **Maß|stab**, die Maß|stä|be ❹
der **Mast**, die Mas|ten – Mas|te
mäs|ten, du mästest
das **Match**, die Matchs –
Mat|che – Mat|ches
das **Ma|te|ri|al**,
die Ma|te|ria|li|en
die **Ma|the|ma|tik** ❷
ma|the|ma|tisch
die **Mat|rat|ze**, die Mat|rat|zen
der **Mat|ro|se**, die Mat|ro|sen
die **Mat|ro|sin**,
die Mat|ro|sin|nen

der **Matsch**
    mat|schig
    matt
die **Mat|te**, die Mat|ten
die **Mau|er**, die Mau|ern
das **Maul**, die Mäu|ler
    mau|len, du maulst
der **Maul|wurf**, die Maul|wür|fe
die **Maus**, die Mäu|se
die **Ma|yon|nai|se** –
    Ma|jo|nä|se
    MB (Megabyte)
der **Me|cha|ni|ker**,
    die Me|cha|ni|ker
die **Me|cha|ni|ke|rin**,
    die Me|cha|ni|ke|rin|nen
    me|cha|nisch
    me|cha|nisch
    me|ckern, du meckerst
    Meck|len|burg-
    Vor|pom|mern
die **Me|dail|le**, die Me|dail|len
die **Me|di|en**
das **Me|di|ka|ment**,
    die Me|di|ka|men|te
die **Me|di|zin**
das **Meer**, die Mee|re
das **Meer|schwein|chen**,
    die Meer|schwein|chen

das **Me|ga|byte** (z.B. 2 MB),
    die Me|ga|byte –
    Me|ga|bytes
das **Mehl**, die Meh|le
    mehr, am meisten ◁ viel
    mehr|mals ❹
die **Mehr|zahl**, die Mehr|zah|len
    mei|den, du meidest, er mied
    mein
    mei|ne
    mei|ner
    mei|nes
    mei|nen, du meinst
die **Mei|nung**, die Mei|nun|gen
die **Mei|se**, die Mei|sen
der **Mei|ßel**, die Mei|ßel
    meis|tens
am **meis|ten** ◁ viel
der **Meis|ter**, die Meis|ter
die **Meis|te|rin**,
    die Meis|te|rin|nen
die **Meis|ter|schaft**,
    die Meis|ter|schaf|ten
    mel|den, du meldest
die **Mel|dung**, die Mel|dun|gen
    mel|ken, du melkst, sie molk
die **Me|lo|die**, die Me|lo|di|en
die **Me|lo|ne**, die Me|lo|nen
das **Me|mo|ry**, die Me|mo|rys

die **Men|ge**, die Men|gen

der **Mensch**, die Men|schen

mensch|lich ❸

das **Me|nü**, die Me|nüs

mer|ken, du merkst

das **Merk|mal**, die Merk|ma|le

der **Mer|kur**

merk|wür|dig

die **Mes|se**, die Mes|sen

mes|sen, du misst, sie maß

das **Mes|ser**, die Mes|ser

das **Mes|sing**

das **Me|tall**, die Me|tal|le

der **Me|te|or**, die Me|teo|re

der **Me|ter** – das Me|ter
(z.B. 9 m), die Me|ter

die **Me|tho|de**, die Me|tho|den

die **Metz|ge|rei**,
die Metz|ge|rei|en

die **Meu|te|rei**,
die Meu|te|rei|en

mg (Milligramm)

mi|au|en, sie miaut

mich

die **Mi|cky|maus**

er **mied** ◁ meiden

die **Mie|ne**, die Mie|nen

die **Mie|te**, die Mie|ten

mie|ten, du mietest

das **Mik|ro|fon** – Mi|kro|phon,
die Mik|ro|fo|ne –
Mi|kro|pho|ne

das **Mik|ros|kop**,
die Mik|ros|ko|pe

die **Mik|ro|wel|le**,
die Mik|ro|wel|len

die **Milch**

mild ❻

das **Mi|li|tär**

Mill. (Million)

die **Mil|li|ar|de**,
die Mil|li|ar|den

das **Mil|li|gramm** (z.B. 5 mg),
die Mil|li|gramm ❹

der **Mil|li|li|ter** (z.B. 10 ml),
die Mil|li|li|ter

der **Mil|li|me|ter** (z.B. 4 mm),
die Mil|li|me|ter

die **Mil|li|on** (z.B. 5 Mill. – Mio.),
die Mil|lio|nen

min (Minute)

das **Mi|na|rett**, die Mi|na|ret|te

min|des|tens

die **Mi|ne**, die Mi|nen

das **Mi|ne|ral|was|ser**,
die Mi|ne|ral|wäs|ser

das **Mi|ni|golf**

der **Mi|nis|ter**, die Mi|nis|ter

137

die **Mi|nis|te|rin**,
die Mi|nis|te|rin|nen
der **Mi|nist|rant**,
die Mi|nist|ran|ten
die **Mi|nist|ran|tin**,
die Mi|nist|ran|tin|nen
mi|nus
das **Mi|nus|zei|chen**,
die Mi|nus|zei|chen
die **Mi|nu|te** (z.B. 6 min),
die Mi|nu|ten
Mio. (Million)
mir
mi|schen, du mischst
miss|ach|ten,
du missachtest
der **Miss|brauch**,
die Miss|bräu|che
der **Miss|er|folg**,
die Miss|er|fol|ge
miss|han|deln,
du misshandelst
die **Mis|si|on**, die Mis|sio|nen
du **misst** ◁ messen
miss|trau|en, du misstraust
miss|trau|isch
das **Miss|ver|ständ|nis**,
die Miss|ver|ständ|nis|se
der **Mist**

mit
die **Mit|ar|beit**
mit|ei|nan|der ❸
mit|fah|ren, du fährst mit,
sie fuhr mit
das **Mit|glied**, die Mit|glie|der
der **Mit|laut**, die Mit|lau|te
das **Mit|leid**
mit|lei|dig
der **Mit|schü|ler**, die Mit|schü|ler
die **Mit|schü|le|rin**,
die Mit|schü|le|rin|nen
der **Mit|tag**, die Mit|ta|ge
mit|tags
die **Mit|te**, die Mit|ten
mit|tei|len, du teilst mit
die **Mit|tei|lung**,
die Mit|tei|lun|gen
das **Mit|tel**, die Mit|tel
das **Mit|tel|al|ter**
das **Mit|tel|meer**
mit|ten
die **Mit|ter|nacht** ❹
mitt|ler|wei|le
der **Mitt|woch**, die Mitt|wo|che
mitt|wochs
mi|xen, du mixt
ml (Milliliter)
mm (Millimeter)

das **Mö|bel**, die Mö|bel
sie **moch|te** ◁ mögen
die **Mo|de**, die Mo|den
das **Mo|dell**, die Mo|del|le
der **Mo|de|ra|tor**,
  die Mo|de|ra|to|ren
die **Mo|de|ra|to|rin**,
  die Mo|de|ra|to|rin|nen
  mo|dern
das **Mo|fa**, die Mo|fas
  mo|geln, du mogelst
  mö|gen, du magst,
  sie mochte
  mög|lich
die **Mög|lich|keit**,
  die Mög|lich|kei|ten
  Mo|ham|med
der **Mohn**
die **Möh|re**, die Möh|ren
die **Mohr|rü|be**, die Mohr|rü|ben
der **Molch**, die Mol|che
sie **molk** ◁ melken
  mol|lig
der **Mo|ment**, die Mo|men|te
  mo|men|tan
der **Mo|nat**, die Mo|na|te
  mo|nat|lich
der **Mönch**, die Mön|che
der **Mond**, die Mon|de

der **Mo|ni|tor**, die Mo|ni|to|re
das **Mons|ter**, die Mons|ter
der **Mon|tag**, die Mon|ta|ge
die **Mon|ta|ge**, die Mon|ta|gen
  mon|tags
der **Mon|teur**, die Mon|teu|re
die **Mon|teu|rin**,
  die Mon|teu|rin|nen
  mon|tie|ren, du montierst
das **Moor**, die Moo|re
das **Moos**, die Moo|se **8**
das **Mo|ped**, die Mo|peds
die **Mo|ral**
der **Mord**, die Mor|de
der **Mör|der**, die Mör|der
die **Mör|de|rin**,
  die Mör|de|rin|nen
der **Mor|gen**, die Mor|gen
  mor|gen
  mor|gens
  morsch
der **Mör|tel**
das **Mo|sa|ik**, die Mo|sai|ken
die **Mo|schee**, die Mo|scheen
die **Mo|sel**
der **Mo|tor**, die Mo|to|ren
das **Mo|tor|rad**,
  die Mo|tor|rä|der
die **Mot|te**, die Mot|ten

das **Moun|tain|bike**,
    die Moun|tain|bikes
die **Mö|we**, die Mö|wen
die **Mü|cke**, die Mü|cken
    mü|de
die **Mü|dig|keit**
die **Mü|he**, die Mü|hen
die **Müh|le**, die Müh|len
    müh|sam
die **Mul|de**, die Mul|den
der **Müll**
die **Müll|ab|fuhr**,
    die Müll|ab|fuh|ren
die **Müll|de|po|nie**,
    die Müll|de|po|ni|en
die **Mul|ti|pli|ka|ti|on**,
    die Mul|ti|pli|ka|tio|nen ❷
    mul|ti|pli|zie|ren,
    du multiplizierst
die **Mu|mie**, die Mu|mi|en
der **Mund**, die Mün|der
    mün|den, er mündet ❹
    münd|lich
die **Mün|dung**, die Mün|dun|gen
    mün|den
    mun|ter
die **Mün|ze**, die Mün|zen
die **Mur|mel**, die Mur|meln
    mur|meln, du murmelst

    mür|risch
das **Mus**
die **Mu|schel**, die Mu|scheln
das **Mu|se|um**, die Mu|se|en
das **Mu|si|cal**, die Mu|si|cals
die **Mu|sik**
    mu|si|ka|lisch
der **Mu|si|ker**, die Mu|si|ker
die **Mu|si|ke|rin**,
    die Mu|si|ke|rin|nen
    mu|si|zie|ren, du musizierst
der **Mus|kel**, die Mus|keln
das **Müs|li**, die Müs|li – Müs|lis
der **Mus|lim**, die Mus|li|me
die **Mus|li|min** – Mus|li|ma,
    die Mus|li|min|nen –
    Mus|li|mas
    müs|sen, du musst,
    sie musste
  du **musst** ◁ müssen
  sie **muss|te** ◁ müssen
das **Mus|ter**, die Mus|ter
der **Mut**
    mu|tig ❻
die **Mut|ter** (Mama), die Müt|ter
die **Mut|ter** (einer Schraube),
    die Mut|tern
    mut|wil|lig
die **Müt|ze**, die Müt|zen

N

nach

der **Nach|bar**, die Nach|barn

die **Nach|ba|rin**,
die Nach|ba|rin|nen

nach|dem

nach|den|ken, du denkst
nach, er dachte nach

nach|denk|lich

nach|ei|nan|der

der **Nach|fol|ger**,
die Nach|fol|ger

die **Nach|fol|ge|rin**,
die Nach|fol|ge|rin|nen

die **Nach|fra|ge**,
die Nach|fra|gen

nach|ge|ben, du gibst nach,
sie gab nach

nach|hau|se – nach Hau|se

nach|her

der **Nach|mit|tag**,
die Nach|mit|ta|ge

nach|mit|tags

die **Nach|richt**, die Nach|rich|ten

nächs|te

nächs|ter

nächs|tes

am **nächs|ten** ◁ nah

die **Nacht**, die Näch|te

der **Nach|teil**, die Nach|tei|le

nach|träg|lich

nachts

na|ckig

nackt

die **Na|del**, die Na|deln

der **Na|gel**, die Nä|gel

na|gen, du nagst

nah, näher, am nächsten

die **Nä|he**

nä|hen, du nähst

nä|her, am nächsten ◁ nah

er **nahm** ◁ nehmen

die **Nah|rung** ❽

das **Nah|rungs|mit|tel**,
die Nah|rungs|mit|tel

die **Naht**, die Näh|te

na|iv

der **Na|me**, die Na|men

näm|lich

er **nann|te** ◁ nennen

der **Napf**, die Näp|fe

die **Nar|be**, die Nar|ben

die **Nar|ko|se**, die Nar|ko|sen

der **Narr**, die Nar|ren

die **När|rin**, die När|rin|nen
när|risch
die **Nar|zis|se**, die Nar|zis|sen
na|schen, du naschst
die **Na|se**, die Na|sen ❶
nass
die **Näs|se**
die **Na|ti|on**, die Na|tio|nen
na|tio|nal
die **Na|tur**, die Na|tu|ren
na|tür|lich
der **Ne|bel**, die Ne|bel
ne|be|lig – neb|lig
ne|ben
ne|ben|ei|nan|der
der **Ne|ckar**
ne|cken, du neckst
der **Nef|fe**, die Nef|fen
ne|ga|tiv
neh|men, du nimmst,
er nahm ❹
der **Neid**
nei|disch
sich **nei|gen**, du neigst dich
nein
die **Nel|ke**, die Nel|ken
nen|nen, du nennst,
er nannte ❺
der **Nep|tun**

der **Nerv**, die Ner|ven
ner|vös
das **Nest**, die Nes|ter
nett
das **Netz**, die Net|ze
neu
die **Neu|gier**
neu|gie|rig
die **Neu|ig|keit**,
die Neu|ig|kei|ten ❼
das **Neu|jahr**
neu|lich
neun
neun|mal
neun|zig
nicht
die **Nich|te**, die Nich|ten
nichts
ni|cken, du nickst
nie
nie|der ❷
die **Nie|der|la|ge**,
die Nie|der|la|gen
die **Nie|der|lan|de**
Nie|der|sach|sen
der **Nie|der|schlag**,
die Nie|der|schlä|ge
nied|lich
nied|rig ❻

142

nie|mals

nie|mand

die **Nie**|re, die Nie|ren

nie|seln, es nieselt

nie|sen, du niest

die **Nie**|te, die Nie|ten

der **Ni**|ko|laus,
die Ni|ko|lau|se –
Ni|ko|läu|se

das **Nil**|pferd, die Nil|pfer|de

du **nimmst** ◁ nehmen

nip|pen, du nippst

nir|gends

nir|gend|wo

die **Ni**|sche, die Ni|schen

nis|ten, er nistet

die **Ni**|xe, die Ni|xen ❽

noch

noch|mals

das **No**|men, die No|men

der **No**|mi|na|tiv

die **Non**|ne, die Non|nen

der **Non**|sens ❶

non|stop

der **Nor**|den

nörd|lich

der **Nord**|pol

Nord|rhein-West|fa|len

die **Nord**|see

nör|geln, du nörgelst

die **Norm**, die Nor|men

nor|mal

nor|ma|ler|wei|se

Nor|we|gen

die **Not**, die Nö|te

die **No**|te, die No|ten

das **Note**|book, die Note|books

no|tie|ren, du notierst

nö|tig ❻

die **No**|tiz, die No|ti|zen

not|wen|dig

der **No**|vem|ber

nüch|tern

nu|ckeln, du nuckelst

die **Nu**|del, die Nu|deln

null

die **Num**|mer, die Num|mern

num|me|rie|ren,
du nummerierst ❹

nun

nur

nu|scheln, du nuschelst

die **Nuss**, die Nüs|se

nut|zen, du nutzt ❷

nüt|zen, es nützt

nütz|lich

die **Oa**|se, die Oa|sen
ob
ob|**dach**|**los**
oben
ober|**fläch**|**lich**
das **Ob**|**jekt**, die Ob|jek|te
die **Ob**|**la**|**te**, die Ob|la|ten
das **Obst**
ob|**wohl**
der **Och**|se, die Och|sen
ocker
oder
die **Oder**
der **Ofen**, die Öfen
of|**fen** ➎
die **Of**|**fen**|**heit**
öf|**fent**|**lich**
of|**fi**|**zi**|**ell**
off|**line**
öff|**nen**, du öffnest
die **Öff**|**nung**, die Öff|nun|gen
oft
öf|**ter**

oh|**ne**
ohn|**mäch**|**tig**
das **Ohr**, die Oh|ren
o. k. (okay)
okay (o. k.)
öko|**lo**|**gisch**
der **Ok**|**to**|**ber**
das **Öl**, die Öle
ölig
die **Oli**|**ve**, die Oli|ven
die **Olym**|**pia**|**de**,
die Olym|pia|den
olym|**pisch**
die **Oma**, die Omas
der **On**|**kel**, die On|kel
on|**line**
der **Opa**, die Opas
das **Open-Air-Kon**|**zert**,
die Open-Air-Kon|zer|te
die **Oper**, die Opern
die **Ope**|**ra**|**ti**|**on**,
die Ope|ra|tio|nen
ope|**rie**|**ren**, du operierst
das **Op**|**fer**, die Op|fer
der **Op**|**ti**|**ker**, die Op|ti|ker
die **Op**|**ti**|**ke**|**rin**,
die Op|ti|ke|rin|nen
op|**ti**|**mal**
op|**ti**|**mis**|**tisch**

die **Oran|ge**, die Oran|gen ❽

das **Or|ches|ter**, die Or|ches|ter

   or|dent|lich

   ord|nen, du ordnest

der **Ord|ner**, die Ord|ner

die **Ord|nung**

das **Or|gan**, die Or|ga|ne

die **Or|ga|ni|sa|ti|on**,

   die Or|ga|ni|sa|tio|nen

   or|ga|ni|sie|ren,

   du organisierst

die **Or|gel**, die Or|geln

der **Ori|ent**

   ori|en|ta|lisch

sich **ori|en|tie|ren**,

   du orientierst dich

die **Ori|en|tie|rung**,

   die Ori|en|tie|rungen

das **Ori|gi|nal**,

   die Ori|gi|na|le

   ori|gi|nell

der **Or|kan**, die Or|ka|ne

der **Ort**, die Or|te ❻

der **Os|ten**

   Os|tern

   Ös|ter|reich

   öst|lich

die **Ost|see**

der **Ot|ter** (Marderart),

   die Ot|ter ❺

die **Ot|ter** (Schlangenart),

   die Ot|tern

   oval

der **Ove|rall**, die Ove|ralls

der **Oze|an**, die Ozea|ne

das **Ozon**

P

das **Paar**, die Paa|re

ein **paar**

ein **paar|mal**

das **Päck|chen**, die Päck|chen ❹

pa|cken, du packst

die **Pa|ckung**, die Pa|ckun|gen

das **Pad|del**, die Pad|del ❺

pad|deln, du paddelst

das **Pa|ket**, die Pa|ke|te ❶
der **Pa|last**, die Pa|läs|te
die **Pal|me**, die Pal|men
die **Pa|nik**
die **Pan|ne**, die Pan|nen
der **Pan|ther** – Pan|ter,
    die Pan|ther – Pan|ter
der **Pan|tof|fel**, die Pan|tof|feln
die **Pan|to|mi|me**,
    die Pan|to|mi|men
der **Pan|zer**, die Pan|zer
der **Pa|pa**, die Pa|pas ❼
der **Pa|pa|gei**, die Pa|pa|gei|en
das **Pa|pier**, die Pa|pie|re
die **Pap|pe**, die Pap|pen
die **Pap|pel**, die Pap|peln
die **Pap|ri|ka** – der Pap|ri|ka,
    die Pap|ri|ka – Pap|ri|kas
der **Papst**, die Päps|te
das **Pa|ra|dies**, die Pa|ra|die|se
    pa|ral|lel
die **Pa|ral|le|le**, die Pa|ral|le|len
der **Pa|ra|sit**, die Pa|ra|si|ten
das **Pär|chen**, die Pär|chen
das **Par|fum** – Par|füm,
    die Par|fums – Par|fü|me –
    Par|füms
der **Park**, die Parks
    par|ken, du parkst ❸

das **Par|kett**,
    die Par|ket|te – Par|ketts
der **Park|platz**, die Park|plät|ze
das **Par|la|ment**,
    die Par|la|men|te
die **Par|tei**, die Par|tei|en
der **Part|ner**, die Part|ner
die **Part|ne|rin**,
    die Part|ne|rin|nen
die **Part|ner|schaft**,
    die Part|ner|schaf|ten
die **Par|ty**, die Par|tys ❽
der **Pass**, die Päs|se
der **Pas|sa|gier**,
    die Pas|sa|gie|re
die **Pas|sa|gie|rin**,
    die Pas|sa|gie|rin|nen
das **Pas|sah|fest**
    pas|sen, es passt ❷
    pas|sie|ren, es passiert
    pas|siv
die **Pas|te|te**, die Pas|te|ten
der **Pas|tor**, die Pas|to|ren
die **Pas|to|rin**,
    die Pas|to|rin|nen
der **Pa|te**, die Pa|ten
der **Pa|ti|ent**, die Pa|ti|en|ten
die **Pa|ti|en|tin**,
    die Pa|ti|en|tin|nen

die **Pa|tin**, die Pa|tin|nen
die **Pat|ro|ne**, die Pat|ro|nen
die **Pau|ke**, die Pau|ken
die **Pau|se**, die Pau|sen
der **Pa|zi|fik**
der **PC**, die PCs
das **Pech**
das **Pe|dal**, die Pe|da|le ❶
  pein|lich
die **Pel|le**, die Pel|len
der **Pelz**, die Pel|ze
  pel|zig
das **Pen|del**, die Pen|del
der **Pe|nis**, die Pe|nis|se
  pen|nen, du pennst
die **Pen|si|on**, die Pen|sio|nen
das **Per|fekt**
  per|fekt
die **Pe|rio|de**, die Pe|rio|den
die **Per|le**, die Per|len
die **Per|son**, die Per|so|nen
das **Per|so|nal**
  per|sön|lich ❸
die **Pers|pek|ti|ve**,
  die Pers|pek|ti|ven
die **Pe|rü|cke**, die Pe|rü|cken
  Pes|sach
  pes|si|mis|tisch
die **Pest**

die **Pe|ter|si|lie**
  pet|zen, du petzt
der **Pfad**, die Pfa|de ❻
der **Pfahl**, die Pfäh|le
das **Pfand**, die Pfän|der
die **Pfan|ne**, die Pfan|nen
der **Pfann|ku|chen**,
  die Pfann|ku|chen
der **Pfar|rer**, die Pfar|rer
die **Pfar|re|rin**,
  die Pfar|re|rin|nen
der **Pfau**, die Pfau|en
der **Pfef|fer**
die **Pfef|fer|min|ze**
die **Pfei|fe**, die Pfei|fen
  pfei|fen, du pfeifst, er pfiff
der **Pfeil**, die Pfei|le
der **Pfei|ler**, die Pfei|ler
das **Pferd**, die Pfer|de ❻
der **Pfiff**, die Pfif|fe
  er **pfiff** ◁ pfeifen
der **Pfif|fer|ling**,
  die Pfif|fer|lin|ge
  pfif|fig
  Pfings|ten
der **Pfir|sich**, die Pfir|si|che
die **Pflan|ze**, die Pflan|zen
  pflan|zen, du pflanzt
das **Pflas|ter**, die Pflas|ter

die **Pflau|me**, die Pflau|men

die **Pfle|ge**

pfle|gen, du pflegst

die **Pflicht**, die Pflich|ten

pflü|cken, du pflückst

pflü|gen, du pflügst

die **Pfor|te**, die Pfor|ten

der **Pfört|ner**, die Pfört|ner

die **Pfört|ne|rin**,

die Pfört|ne|rin|nen

der **Pfos|ten**, die Pfos|ten

die **Pfo|te**, die Pfo|ten

der **Pfrop|fen**, die Pfrop|fen

pfui

das **Pfund**, die Pfun|de

pfu|schen, du pfuschst

die **Pfüt|ze**, die Pfüt|zen ❺

die **Phan|ta|sie** – Fan|ta|sie,

die Phan|ta|si|en –

Fan|ta|si|en

phan|tas|tisch –

fan|tas|tisch

das **Phan|tom**, die Phan|to|me

die **Pha|se**, die Pha|sen

die **Phi|lo|so|phie**

die **Phy|sik** ❽

phy|si|ka|lisch

der **Pi|ckel**, die Pi|ckel

pi|cken, du pickst

das **Pick|nick**, die Pick|nicks

pie|pen, es piept ❷

piep|sen, es piepst

pier|cen, du bist gepierct

pi|kant

die **Pil|le**, die Pil|len

der **Pi|lot**, die Pi|lo|ten

die **Pi|lo|tin**, die Pi|lo|tin|nen

der **Pilz**, die Pil|ze

pink

pin|keln, du pinkelst

die **Pinn|wand**, die Pinn|wän|de

der **Pin|sel**, die Pin|sel

pin|seln, du pinselst

die **Pin|zet|te**, die Pin|zet|ten

der **Pi|rat**, die Pi|ra|ten

die **Pi|ra|tin**, die Pi|ra|tin|nen

pir|schen, du pirschst

die **Pis|te**, die Pis|ten

die **Pis|to|le**, die Pis|to|len

die **Piz|za**, die Piz|zas – Piz|zen

die **Piz|ze|ria**, die Piz|ze|ri|en

der **Pkw** – PKW,

die Pkws – PKWs

pla|gen, du plagst

das **Pla|kat**, die Pla|ka|te

die **Pla|ket|te**, die Pla|ket|ten

der **Plan**, die Plä|ne ❹

die **Pla|ne**, die Pla|nen

pla|nen, du planst

der Pla|net, die Pla|ne|ten

plan|schen – plant|schen, du planschst – plantschst

plap|pern, du plapperst

plär|ren, du plärrst

das Plas|tik

plät|schern, es plätschert

das Platt|deutsch

platt

die Plat|te, die Plat|ten

der Platz, die Plät|ze ❹

das Plätz|chen, die Plätz|chen

plat|zen, du platzt

plau|dern, du plauderst

das Play-back – Play|back

plei|te

die Plom|be, die Plom|ben

plötz|lich

plump ❻

plump|sen, du plumpst

plün|dern, du plünderst

der Plu|ral

plus

der Po, die Pos

po|chen, du pochst

das Po|di|um, die Po|di|en

das Poe|sie|al|bum, die Poe|sie|al|ben

der Po|kal, die Po|ka|le

der Pol, die Po|le

Po|len

po|lie|ren, du polierst

die Po|li|tik

po|li|tisch

die Po|li|zei

der Po|li|zist, die Po|li|zis|ten

die Po|li|zis|tin, die Po|li|zis|tin|nen

der Pol|len, die Pol|len

pol|tern, du polterst

die Pommes frites – Pom|mes

das Po|ny, die Po|nys ❽

der Pool, die Pools

der Pop

das Pop|corn

die Pop|mu|sik

die Po|re, die Po|ren

die Por|ti|on, die Por|tio|nen

das Porte|mon|naie, – Port|mo|nee, die Porte|mon|naies – Port|mo|nees

das Port|fo|lio, die Port|fo|li|os

das Por|to, die Por|tos – Por|ti

Por|tu|gal

das Por|zel|lan

die Po|sau|ne, die Po|sau|nen

die **Po|si|ti|on**, die Po|si|tio|nen
po|si|tiv
die **Post** ❶
das **Pos|ter**, die Pos|ter
die **Pracht**
präch|tig
das **Prä|di|kat**, die Prä|di|ka|te
prä|gen, du prägst
prah|len, du prahlst
prak|tisch
die **Pra|li|ne**, die Pra|li|nen
prall
die **Prä|mie**, die Prä|mi|en
die **Pran|ke**, die Pran|ken
die **Prä|po|si|ti|on**,
die Prä|po|si|tio|nen
die **Prä|rie**, die Prä|ri|en
das **Prä|sens**
die **Prä|sen|ta|ti|on**,
die Prä|sen|ta|tio|nen
prä|sen|tie|ren,
du präsentierst ❸
der **Prä|si|dent**,
die Prä|si|den|ten
die **Prä|si|den|tin**,
die Prä|si|den|tin|nen
pras|seln, es prasselt
das **Prä|te|ri|tum**
die **Pra|xis**, die Pra|xen ❽

pre|di|gen, du predigst
die **Pre|digt**, die Pre|dig|ten
der **Preis**, die Prei|se
das **Preis|aus|schrei|ben**,
die Preis|aus|schrei|ben
preis|wert
prel|len, du prellst
die **Prel|lung**,
die Prel|lun|gen ❼
die **Pre|mie|re**, die Pre|mie|ren
die **Pres|se**, die Pres|sen
pres|sen, du presst ❺
der **Pries|ter**, die Pries|ter
die **Pries|te|rin**,
die Pries|te|rin|nen
pri|ma
pri|mi|tiv
der **Prinz**, die Prin|zen
die **Prin|zes|sin**,
die Prin|zes|sin|nen
das **Prin|zip**, die Prin|zi|pi|en
die **Pri|se**, die Pri|sen
pri|vat
pro
die **Pro|be**, die Pro|ben
pro|ben, du probst ❷
pro|bie|ren, du probierst
das **Prob|lem**, die Prob|le|me
das **Pro|dukt**, die Pro|duk|te

pro|du|zie|ren,
du produzierst
der **Pro|fes|sor**,
die Pro|fes|so|ren
die **Pro|fes|so|rin**,
die Pro|fes|so|rin|nen
der **Pro|fi**, die Pro|fis
das **Pro|fil**, die Pro|fi|le
das **Pro|gramm**,
die Pro|gram|me
das **Pro|jekt**, die Pro|jek|te ❻
der **Pro|jek|tor**,
die Pro|jek|to|ren
pro|mi|nent
prompt
das **Pro|no|men**, die Pro|no|men
der **Pro|pel|ler**, die Pro|pel|ler
pro|phe|zei|en,
du prophezeist
pro|sit
der **Pros|pekt**, die Pros|pek|te
prost
der **Pro|test**, die Pro|tes|te
pro|tes|tan|tisch
pro|tes|tie|ren,
du protestierst
die **Pro|the|se**, die Pro|the|sen
das **Pro|to|koll**,
die Pro|to|kol|le

pro|to|kol|lie|ren,
du protokollierst
der **Pro|vi|ant**
das **Pro|zent**, die Pro|zen|te
der **Pro|zess**, die Pro|zes|se
prü|fen, du prüfst ❷
die **Prü|fung**, die Prü|fun|gen
die **Prü|ge|lei**, die Prü|ge|lei|en
prü|geln, du prügelst
PS
die **Psy|cho|lo|gie**
die **Pu|ber|tät**
das **Pub|li|kum**
der **Pud|ding**,
die Pud|din|ge – Pud|dings
der **Pu|del**, die Pu|del
der **Pu|der**, die Pu|der
pu|dern, du puderst
der **Puf|fer**, die Puf|fer
der **Pul|li**, die Pul|lis ❺
der **Pul|lo|ver**, die Pul|lo|ver
der **Puls**, die Pul|se
das **Pult**, die Pul|te
das **Pul|ver**, die Pul|ver
die **Pum|pe**, die Pum|pen
pum|pen, du pumpst
der **Punkt**, die Punk|te
pünkt|lich
die **Pu|pil|le**, die Pu|pil|len

die **Pup|pe**, die Pup|pen
pur
das **Pü|ree**, die Pü|rees
pur|zeln, du purzelst
die **Pus|te** ❶
pus|ten, du pustest
put|zen, du putzt

put|zig
puz|zeln, du puzzelst
das **Puz|zle**, die Puz|zles
der **Py|ja|ma**,
die Py|ja|mas
die **Py|ra|mi|de**,
die Py|ra|mi|den ❽

Qu

der **Qua|der**, die Qua|der
das **Quad|rat**, die Quad|ra|te
quad|ra|tisch
der **Quai** – Kai, die Quais – Kais
qua|ken, du quakst
die **Qual**, die Qua|len ❹
quä|len, du quälst
die **Qua|li|tät**, die Qua|li|tä|ten
die **Qual|le**, die Qual|len ❺
der **Qualm**
qual|men, es qualmt
der **Quark**
das **Quar|tett**, die Quar|tet|te
das **Quar|tier**, die Quar|tie|re
quas|seln, du quasselst

der **Quatsch**
quat|schen, du quatschst
das **Queck|sil|ber**
die **Quel|le**, die Quel|len
quel|len, es quillt, es quoll
quen|geln, du quengelst
quer
die **Quer|flö|te**, die Quer|flö|ten
der **Quer|schnitt**,
die Quer|schnit|te
quer|schnitt|ge|lähmt –
quer|schnitts|ge|lähmt
quet|schen, du quetschst
die **Quet|schung**,
die Quet|schun|gen ❼

quie|ken, du quiekst
quiet|schen, es quietscht
es quillt ◁ quellen
der Quirl, die Quir|le
quir|len, du quirlst
quitt
die Quit|te, die Quit|ten

quit|tie|ren, du quittierst
die Quit|tung, die Quit|tun|gen
das Quiz ❽
es quoll ◁ quellen
die Quo|te, die Quo|ten
der Quo|ti|ent,
    die Quo|ti|en|ten

der Ra|batt, die Ra|bat|te ❺
der Ra|be, die Ra|ben
die Ra|che
der Ra|chen, die Ra|chen
sich rä|chen, du rächst dich
das Rad, die Rä|der
der Ra|dar – das Ra|dar,
    die Ra|da|re
der Ra|dau
der Rad|fah|rer,
    die Rad|fah|rer
die Rad|fah|re|rin,
    die Rad|fah|re|rin|nen ❹
    ra|die|ren, du radierst

der Ra|dier|gum|mi,
    die Ra|dier|gum|mis
das Ra|dies|chen,
    die Ra|dies|chen ❷
    ra|di|kal
das Ra|dio, die Ra|di|os
der Ra|di|us, die Ra|di|en
    raf|fen, du raffst
    raf|fi|niert
der Rah|men, die Rah|men
die Ra|ke|te, die Ra|ke|ten ❶
die Ral|lye, die Ral|lyes
der Ra|ma|dan
    ram|men, du rammst

die **Ram|pe**, die Ram|pen

der **Rand**, die Rän|der ❻

der **Rang**, die Rän|ge

sie **rang** ◁ ringen

   ran|gie|ren, du rangierst

es **rann** ◁ rinnen

er **rann|te** ◁ rennen

der **Ran|zen**, die Ran|zen ❼

   ran|zig

der **Rap**, die Raps

der **Rap|pe**, die Rap|pen

der **Rap|per**, die Rap|per

die **Rap|pe|rin**,

   die Rap|pe|rin|nen

der **Raps**

   rar

   ra|sant

   rasch

   ra|scheln, es raschelt

der **Ra|sen**, die Ra|sen

   ra|sen, du rast

sich **ra|sie|ren**, du rasierst dich

die **Ras|se**, die Ras|sen

die **Ras|sel**, die Ras|seln ❺

   ras|seln, du rasselst

die **Rast**, die Ras|ten

   ras|ten, du rastest

die **Rast|stät|te**,

   die Rast|stät|ten

der **Rat**, die Rä|te ❻

die **Ra|te**, die Ra|ten

   ra|ten, du rätst, sie riet

das **Rat|haus**, die Rat|häu|ser

der **Rat|schlag**, die Rat|schlä|ge

das **Rät|sel**, die Rät|sel

du **rätst** ◁ raten

die **Rat|te**, die Rat|ten

   rat|tern, es rattert

   rau

   rau|ben, du raubst

der **Räu|ber**, die Räu|ber ❹

die **Räu|be|rin**,

   die Räu|be|rin|nen

der **Rauch**

   rau|chen, du rauchst

   räu|chern, du räucherst

   rau|fen, du raufst ❷

die **Rau|fe|rei**, die Rau|fe|rei|en

der **Raum**, die Räu|me

   räu|men, du räumst

die **Rau|pe**, die Rau|pen ❶

der **Rau|reif**

   raus

der **Rausch**, die Räu|sche

   rau|schen, es rauscht

sich **räus|pern**,

   du räusperst dich

die **Raz|zia**, die Raz|zi|en

re|agie|ren, du reagierst

die **Re|ak|ti|on**,
die Re|ak|tio|nen

rea|lis|tisch

die **Rea|li|tät**, die Rea|li|tä|ten

die **Re|al|schu|le**,
die Re|al|schu|len

die **Re|be**, die Re|ben

der **Re|chen**, die Re|chen

re|chen, du rechst

rech|nen, du rechnest

der **Rech|ner**, die Rech|ner ❼

die **Rech|nung**,
die Rech|nun|gen ❼

das **Recht**, die Rech|te ❻

recht

das **Recht|eck**, die Recht|ecke

recht|eckig

sich **recht|fer|ti|gen**,
du rechtfertigst dich

rechts

recht|zei|tig

das **Reck**, die Re|cke

sich **re|cken**, du reckst dich

re|cy|celn, du recycelst

das **Re|cyc|ling**

die **Re|de**, die Re|den

re|den, du redest

die **Re|form**, die Re|for|men

der **Re|for|ma|ti|ons|tag**

das **Re|gal**, die Re|ga|le

die **Re|gel**, die Re|geln

re|gel|mä|ßig

re|geln, du regelst

der **Re|gen**

sich **re|gen**, du regst dich

re|gie|ren, du regierst

die **Re|gie|rung**,
die Re|gie|run|gen

das **Re|gime**,
die Re|gi|me – Re|gimes

die **Re|gi|on**, die Re|gio|nen

re|gio|nal

der **Re|gis|seur**,
die Re|gis|seu|re

die **Re|gis|seu|rin**,
die Re|gis|seu|rin|nen

reg|nen, es regnet

reg|ne|risch

das **Reh**, die Re|he

rei|ben, du reibst, sie rieb

die **Rei|ung**, die Rei|bun|gen

reich

rei|chen, es reicht

reich|lich

der **Reich|tum**, die Reich|tü|mer

reif

der **Reif**

155

der **Rei|fen**, die Rei|fen

die **Rei|he**, die Rei|hen

der **Reim**, die Rei|me ❶

   rei|men, du reimst

   rein

   rei|ni|gen, du reinigst ❷

die **Rei|ni|gung**,

   die Rei|ni|gun|gen

der **Reis**

die **Rei|se**, die Rei|sen

   rei|sen, du reist

   rei|ßen, du reißt, er riss ❽

der **Reiß|ver|schluss**,

   die Reiß|ver|schlüs|se

   rei|ten, du reitest, er ritt

der **Reiz**, die Rei|ze

   rei|zen, du reizt

   rei|zend ❻

die **Re|kla|me**, die Re|kla|men

der **Re|kord**, die Re|kor|de

der **Rek|tor**, die Rek|to|ren

die **Rek|to|rin**,

   die Rek|to|rin|nen

   re|la|tiv

die **Re|li|gi|on**, die Re|li|gio|nen

   reli|gi|ös

   rem|peln, du rempelst

das **Ren|nen**, die Ren|nen

   ren|nen, du rennst, er rannte

re|no|vie|ren, du renovierst

die **Ren|te**, die Ren|ten

sich **ren|tie|ren**, es rentiert sich

der **Rent|ner**, die Rent|ner

die **Rent|ne|rin**,

   die Rent|ne|rin|nen

die **Re|pa|ra|tur**,

   die Re|pa|ra|tu|ren ❷

   re|pa|rie|ren, du reparierst

die **Re|por|ta|ge**,

   die Re|por|ta|gen

der **Re|por|ter**, die Re|por|ter

die **Re|por|te|rin**,

   die Re|por|te|rin|nen

das **Rep|til**, die Rep|ti|li|en

die **Re|pub|lik**, die Re|pub|li|ken

die **Re|ser|ve**, die Re|ser|ven

   re|ser|vie|ren, du reservierst

der **Res|pekt**

der **Rest**, die Res|te

das **Res|tau|rant**,

   die Res|tau|rants

   ret|ten, du rettest ❺

der **Ret|tich**, die Ret|ti|che

die **Ret|tung**, die Ret|tun|gen ❼

die **Reue**

das **Re|vier**, die Re|vie|re

der **Re|vol|ver**, die Re|vol|ver

das **Re|zept**, die Re|zep|te

der **Rha|bar|ber**

der **Rhein**

    Rhein|land-Pfalz

    rhyth|misch

der **Rhyth|mus**, die Rhyth|men

    rich|ten, du richtest

der **Rich|ter**, die Rich|ter

die **Rich|te|rin**,

    die Rich|te|rin|nen

    rich|tig

die **Rich|tung**, die Rich|tun|gen

sie **rieb** ◁ reiben

    rie|chen, du riechst, er roch

sie **rief** ◁ rufen

der **Rie|gel**, die Rie|gel

der **Rie|men**, die Rie|men

der **Rie|se**, die Rie|sen ❷

    rie|seln, es rieselt

    rie|sig

die **Rie|sin**, die Rie|sin|nen

sie **riet** ◁ raten

das **Riff**, die Rif|fe

die **Ril|le**, die Ril|len ❺

das **Rind**, die Rin|der ❻

die **Rin|de**, die Rin|den

der **Ring**, die Rin|ge

    rin|gen, du ringst, sie rang

    rings|he|rum

die **Rin|ne**, die Rin|nen

    rin|nen, es rinnt, es rann

die **Rip|pe**, die Rip|pen

das **Ri|si|ko**,

    die Ri|si|ken – Ri|si|kos

    ris|kie|ren, du riskierst

der **Riss**, die Ris|se

er **riss** ◁ rei|ßen

    ris|sig

der **Ritt**, die Rit|te

er **ritt** ◁ reiten

der **Rit|ter**, die Rit|ter

die **Rit|ze**, die Rit|zen

die **Rob|be**, die Rob|ben

der **Ro|bo|ter**, die Ro|bo|ter

    ro|bust

er **roch** ◁ riechen

    rö|cheln, du röchelst

der **Rock**, die Rö|cke ❼

    ro|deln, du rodelst

der **Rog|gen**

    roh ❽

das **Rohr**, die Roh|re

die **Röh|re**, die Röh|ren

die **Rol|le**, die Rol|len

    rol|len, du rollst

der **Rol|ler**, die Rol|ler

das **Rol|lo**, die Rol|los

der **Ro|man**, die Ro|ma|ne

    ro|man|tisch

rönt|gen, sie wird geröntgt
ro|sa
die Ro|se, die Ro|sen
ro|sig
die Ro|si|ne, die Ro|si|nen ❶
der Rost
ros|ten, es rostet
rös|ten, du röstest
ros|tig
rot
rub|beln, du rubbelst
die Rü|be, die Rü|ben
der Ruck, die Ru|cke
der Rü|cken, die Rü|cken
rü|cken, du rückst
die Rück|kehr
die Rück|sicht,
die Rück|sich|ten
rück|sichts|los
rück|wärts
der Ruck|sack, die Ruck|sä|cke
der Rück|tritt, die Rück|trit|te
das Ru|del, die Ru|del
das Ru|der, die Ru|der ❷
ru|dern, du ruderst
der Ruf, die Ru|fe
ru|fen, du rufst, sie rief

die Rü|ge, die Rü|gen
die Ru|he
ru|hig
der Ruhm ❽
rüh|ren, du rührst
die Rui|ne, die Rui|nen
Ru|mä|ni|en
der Rum|mel|platz,
die Rum|mel|plät|ze
rümp|fen, du rümpfst
rund ❻
die Run|de, die Run|den
der Rund|funk
run|zeln, du runzelst
runz|lig
rup|fen, du rupfst
der Ruß
der Rüs|sel, die Rüs|sel
ru|ßig
Russ|land
rüs|tig
die Rüs|tung,
die Rüs|tun|gen ❼
die Ru|te, die Ru|ten
die Rut|sche, die Rut|schen
rut|schen, du rutschst
rüt|teln, du rüttelst

S

s (Sekunde)
S. (Seite)
der **Saal**, die Sä|le
das **Saar|land**
die **Saat**, die Saa|ten
der **Sab|bat**
die **Sa|che**, die Sa|chen
 sach|lich
 säch|lich
 Sach|sen
 Sach|sen-An|halt
der **Sack**, die Sä|cke
die **Sack|gas|se**,
 die Sack|gas|sen
 sä|en, du säst
der **Safe** – das Safe, die Safes
der **Saft**, die Säf|te
 saf|tig
die **Sa|ge**, die Sa|gen
die **Sä|ge**, die Sä|gen
 sa|gen, du sagst
 sä|gen, du sägst
 sa|gen|haft
er **sah** ◁ sehen

die **Sah|ne**
 sah|nig ❻
die **Sai|son**, die Sai|sons
die **Sai|te** (z.B. Gitarrensaite),
 die Sai|ten ❽
der **Sa|la|man|der**,
 die Sa|la|man|der
die **Sa|la|mi**, die Sa|la|mis
der **Sa|lat**, die Sa|la|te
die **Sal|be**, die Sal|ben
der **Sal|to**, die Sal|tos – Sal|ti
das **Salz**, die Sal|ze
 sal|zig
der **Sa|men**, die Sa|men
 sam|meln, du sammelst ❷
die **Samm|lung**,
 die Samm|lun|gen
der **Sams|tag**, die Sams|ta|ge
 sams|tags
 sämt|lich
der **Sand**
die **San|da|le**, die San|da|len
 san|dig
 er **sand|te** ◁ senden
 sanft
 er **sang** ◁ singen
der **Sän|ger**, die Sän|ger
die **Sän|ge|rin**,
 die Sän|ge|rin|nen

der **Sa|ni|tä|ter**, die Sa|ni|tä|ter

die **Sa|ni|tä|te|rin**,
die Sa|ni|tä|te|rin|nen

es **sank** ◁ sinken

der **Sarg**, die Sär|ge

sie **saß** ◁ sitzen

der **Sa|tel|lit**, die Sa|tel|li|ten

satt

der **Sat|tel**, die Sät|tel ❺

der **Sa|turn**

der **Satz**, die Sät|ze

die **Satz|aus|sa|ge**,
die Satz|aus|sa|gen

der **Satz|ge|gen|stand**,
die Satz|ge|gen|stän|de

die **Sau**, die Säue

sau|ber ❶

säu|bern, du säuberst

sau|er

säu|er|lich

der **Sau|er|stoff**

sau|fen, du säufst, es soff

du **säufst** ◁ saufen

sau|gen, du saugst,
sie sog ❸

das **Säu|ge|tier**,
die Säu|ge|tie|re

der **Säug|ling**, die Säug|lin|ge

die **Säu|le**, die Säu|len

der **Saum**, die Säu|me

die **Sau|na**,
die Sau|nas – Sau|nen

die **Säu|re**, die Säu|ren

der **Sau|ri|er**, die Sau|ri|er

sau|sen, du saust

die **S-Bahn**, die S-Bah|nen

der **Scan|ner**, die Scan|ner

scha|ben, du schabst

schä|big

die **Schab|lo|ne**,
die Schab|lo|nen

das **Schach**

der **Schacht**, die Schäch|te

die **Schach|tel**, die Schach|teln

scha|de

der **Schä|del**, die Schä|del

der **Scha|den**, die Schä|den ❹

scha|den, du schadest

schäd|lich

der **Schäd|ling**, die Schäd|lin|ge

das **Schaf**, die Scha|fe

der **Schä|fer**, die Schä|fer

die **Schä|fe|rin**,
die Schä|fe|rin|nen

schaf|fen, du schaffst

der **Schal**, die Schals

die **Scha|le**, die Scha|len

schä|len, du schälst

der **Schall**,
  die Schal|le – Schäl|le ❼
  schal|len, es schallt
die **Schall|plat|te**,
  die Schall|plat|ten
  schal|ten, du schaltest
der **Schal|ter**, die Schal|ter
sich **schä|men**, du schämst dich
die **Schan|ze**, die Schan|zen
die **Schar**, die Scha|ren
  scharf, schärfer,
  am schärfsten
die **Schär|fe**
  schär|fer,
  am schärfsten ◁ scharf
der **Schar|lach**
  schar|ren, du scharrst
das **Schasch|lik** –
  der Schasch|lik,
  die Schasch|liks
der **Schat|ten**, die Schat|ten
  schat|tig ❻
der **Schatz**, die Schät|ze
  schät|zen, du schätzt
die **Schau**, die Schau|en
der **Schau|er**, die Schau|er
die **Schau|fel**, die Schau|feln
  schau|feln, du schaufelst

die **Schau|kel**, die Schau|keln
  schau|keln, du schaukelst
der **Schaum**, die Schäu|me
  schäu|men, du schäumst
  schau|rig
der **Schau|spie|ler**,
  die Schau|spie|ler
die **Schau|spie|le|rin**,
  die Schau|spie|le|rin|nen
der **Scheck**, die Schecks
die **Schei|be**, die Schei|ben
die **Schei|de**, die Schei|den
sich **schei|den lassen**,
  du lässt dich scheiden,
  sie ließen sich scheiden
die **Schei|dung**,
  die Schei|dun|gen ❼
der **Schein**, die Schei|ne
  schein|bar
  schei|nen, es scheint,
  es schien
der **Schei|tel**, die Schei|tel
  schei|tern, du scheiterst
der **Schen|kel**, die Schen|kel
  schen|ken, du schenkst
die **Scher|be**, die Scher|ben
die **Sche|re**, die Sche|ren
der **Scherz**, die Scher|ze
  scher|zen, du scherzt

die **Scheu**

scheu

scheu|ern, du scheuerst

die **Scheu|ne**, die Scheu|nen

scheuß|lich

der **Schi** – Ski,

die Schi|er – Ski|er ❽

die **Schicht**, die Schich|ten

schick – chic

schi|cken, du schickst

das **Schick|sal**, die Schick|sa|le

schie|ben, du schiebst,

sie schob ❷

der **Schieds|rich|ter**,

die Schieds|rich|ter

die **Schieds|rich|te|rin**,

die Schieds|rich|te|rin|nen

schief

schie|len, du schielst

es **schien** ◁ scheinen

das **Schien|bein**,

die Schien|bei|ne

die **Schie|ne**, die Schie|nen

schie|ßen, du schießt,

sie schoss ❹

das **Schiff**, die Schif|fe

die **Schiff|fahrt**,

die Schiff|fahr|ten

die **Schi|ka|ne**, die Schi|ka|nen

schi|ka|nie|ren,

du schikanierst

das **Schild**, die Schil|der

schil|dern, du schilderst

die **Schild|krö|te**,

die Schild|krö|ten

das **Schilf**, die Schil|fe

schil|lern, es schillert

der **Schim|mel**,

die Schim|mel ❺

schim|me|lig – schimm|lig

schim|mern, es schimmert

schimp|fen, du schimpfst

der **Schin|ken**, die Schin|ken

die **Schip|pe**, die Schip|pen

der **Schirm**, die Schir|me

schlach|ten, du schlachtest

der **Schlaf**

die **Schlä|fe**, die Schlä|fen

schla|fen, du schläfst,

sie schlief ❸

schlaff

schlä|fe|rig – schläf|rig

du **schläfst** ◁ schlafen

der **Schlag**, die Schlä|ge

schla|gen, du schlägst,

er schlug

die **Schlä|ge|rei**,

die Schlä|ge|rei|en

du **schlägst** ◁ schlagen
der **Schlamm**
    schlam|mig
die **Schlam|pe|rei**,
    die Schlam|pe|rei|en
    schlam|pig
sie **schlang** ◁ schlingen
die **Schlan|ge**, die Schlan|gen
    schlank
    schlapp
das **Schla|raf|fen|land**
    schlau ❶
der **Schlauch**, die Schläu|che
die **Schlau|fe**, die Schlau|fen
    schlecht
    schle|cken, du schleckst ❺
    schlei|chen, du schleichst,
    er schlich
der **Schlei|er**, die Schlei|er
    schlei|er|haft
die **Schlei|fe**, die Schlei|fen
    schlei|fen, du schleifst,
    sie schliff
der **Schleim**
    schlei|mig
    schlen|dern, du schlenderst
    schlep|pen, du schleppst
der **Schlep|per**, die Schlep|per
    Schles|wig-Hol|stein

    schleu|dern, du schleuderst
    schleu|nigst
die **Schleu|se**, die Schleu|sen
er **schlich** ◁ schleichen
    schlicht
    schlich|ten, du schlichtest
er **schlief** ◁ schlafen
    schlie|ßen, du schließt,
    er schloss ❹
    schließ|lich
sie **schliff** ◁ schleifen
    schlimm
    schlin|gen, du schlingst,
    sie schlang
der **Schlit|ten**, die Schlit|ten
    schlit|tern, du schlitterst
der **Schlitz**, die Schlit|ze
das **Schloss**, die Schlös|ser
er **schloss** ◁ schließen
    schlot|tern, du schlotterst
die **Schlucht**, die Schluch|ten
    schluch|zen, du schluchzt
der **Schluck**, die Schlu|cke
der **Schluck|auf**
    schlu|cken, du schluckst
er **schlug** ◁ schlagen
    schlum|mern,
    du schlummerst
    schlüp|fen, du schlüpfst

schlüpf|rig
schlur|fen, du schlurfst
schlür|fen, du schlürfst
der Schluss, die Schlüs|se
der Schlüs|sel, die Schlüs|sel
schmäch|tig
schmack|haft
schmal  ❶
das Schmalz, die Schmal|ze
schmat|zen, du schmatzt
schme|cken, es schmeckt
schmei|cheln,
du schmeichelst
schmei|ßen, du schmeißt,
sie schmiss
schmel|zen, es schmilzt,
es schmolz
der Schmerz, die Schmer|zen
schmerz|haft ❸
der Schmet|ter|ling,
die Schmet|ter|lin|ge
schmie|den, du schmiedest
schmie|ren, du schmierst ❷
schmie|rig
es schmilzt ◁ schmelzen
die Schmin|ke, die Schmin|ken
schmin|ken, du schminkst
sie schmiss ◁ schmeißen
schmö|kern, du schmökerst

schmol|len, du schmollst
es schmolz ◁ schmelzen
schmo|ren, es schmort
der Schmuck
schmü|cken, du schmückst
schmug|geln,
du schmuggelst
schmun|zeln,
du schmunzelst
schmu|sen, du schmust
der Schmutz
schmut|zig ❻
der Schna|bel, die Schnä|bel
die Schna|ke, die Schna|ken
die Schnal|le, die Schnal|len
schnal|zen, du schnalzt
das Schnäpp|chen,
die Schnäpp|chen
schnap|pen, du schnappst
der Schnaps, die Schnäp|se
schnar|chen, du schnarchst
schnat|tern, du schnatterst
schnau|ben, du schnaubst
schnau|fen, du schnaufst
die Schnau|ze, die Schnau|zen
sich schnäu|zen,
du schnäuzt dich
die Schne|cke, die Schne|cken
der Schnee ❽

schnei|den, du schneidest,
sie schnitt

die Schnei|de|rei,
die Schnei|de|rei|en

schnei|en, es schneit

schnell

die Schnel|lig|keit ❼

schnip|peln, du schnippelst

der Schnitt, die Schnit|te

sie schnitt ◁ schneiden

der Schnitt|lauch

das Schnit|zel, die Schnit|zel

schnit|zen, du schnitzt

der Schnor|chel,
die Schnor|chel

schnüf|feln, du schnüffelst

der Schnul|ler, die Schnul|ler

der Schnup|fen, die Schnup|fen

schnup|pern,
du schnupperst ❺

die Schnur, die Schnü|re

schnü|ren, du schnürst

schnur|ren, sie schnurrt

der Schnür|sen|kel,
die Schnür|sen|kel

er schob ◁ schieben

der Schock, die Schocks

die Scho|ko|la|de,
die Scho|ko|la|den

schon ❶

schön

scho|nen, du schonst

die Schön|heit ❼

die Scho|nung (Nachsicht)

die Scho|nung (junger
geschützter Baumbestand),
die Scho|nun|gen

schöp|fen, du schöpfst

die Schöp|fung

der Schorn|stein,
die Schorn|stei|ne

der Schoß, die Schö|ße ❽

sie schoss ◁ schießen

der Schot|ter

schräg

die Schram|me,
die Schram|men

der Schrank, die Schrän|ke

die Schran|ke, die Schran|ken

die Schrau|be,
die Schrau|ben

schrau|ben, du schraubst

der Schreck – Schre|cken,
die Schre|cken

schreck|lich ❸

der Schrei, die Schreie

schrei|ben, du schreibst,
er schrieb

165

schrei|en, du schreist,
sie schrie

die Schrei|ne|rei,
die Schrei|ne|rei|en

sie schrie ◁ schreien

er schrieb ◁ schreiben

die Schrift, die Schrif|ten
schrift|lich
schrill

die Schrip|pe, die Schrip|pen

der Schritt, die Schrit|te
schroff

der Schrott
schrub|ben, du schrubbst

der Schrub|ber, die Schrub|ber
schrump|fen, es schrumpft

das Schub|fach,
die Schub|fä|cher

die Schub|kar|re,
die Schub|kar|ren

die Schub|la|de,
die Schub|la|den

der Schubs, die Schub|se
schub|sen, du schubst
schüch|tern

der Schuh, die Schu|he

die Schuld, die Schul|den ❻
schul|den, du schuldest
schul|dig

die Schu|le, die Schu|len

der Schü|ler, die Schü|ler

die Schü|le|rin,
die Schü|le|rin|nen

die Schul|ter, die Schul|tern
schum|meln, du schummelst

die Schup|pe, die Schup|pen

der Schup|pen, die Schup|pen
schü|ren, du schürst

die Schür|ze, die Schür|zen

der Schuss, die Schüs|se

die Schüs|sel, die Schüs|seln
schus|se|lig – schuss|lig

der Schus|ter, die Schus|ter

die Schus|te|rin,
die Schus|te|rin|nen

der Schutt
schüt|teln, du schüttelst ❷
schüt|ten, du schüttest

der Schutz, die Schut|ze ❹

der Schüt|ze, die Schüt|zen

die Schüt|zin, die Schüt|zin|nen
schüt|zen, du schützt
schwach, schwächer,
am schwächsten

die Schwä|che, die Schwä|chen
schwä|cher,
am schwächsten ◁ schwach
schwäch|lich

166

der **Schwa|ger**, die Schwä|ger

die **Schwä|ge|rin**,
die Schwä|ge|rin|nen

die **Schwal|be**, die Schwal|ben

der **Schwamm**, die Schwäm|me

er **schwamm** ◁ schwimmen

der **Schwan**, die Schwä|ne

sie **schwang** ◁ schwingen

schwan|ger

die **Schwan|ger|schaft**,
die Schwan|ger|schaf|ten

schwan|ken, du schwankst

der **Schwanz**, die Schwän|ze

schwän|zen, du schwänzt

der **Schwarm**, die Schwär|me

schwär|men, du schwärmst

schwarz

schwat|zen – schwät|zen,
du schwatzt – schwätzt ❸

schwe|ben, du schwebst

Schwe|den

schwei|gen, du schweigst,
sie schwieg

schweig|sam

das **Schwein**, die Schwei|ne

der **Schweiß**

schwei|ßen, du schweißt

die **Schweiz**

die **Schwel|le**, die Schwel|len

schwel|len, es schwillt,
es schwoll

schwen|ken, du schwenkst

schwer

schwer|fäl|lig

schwer|hö|rig

der **Schwer|punkt**,
die Schwer|punk|te

das **Schwert**, die Schwer|ter

die **Schwes|ter**,
die Schwes|tern

sie **schwieg** ◁ schweigen

schwie|rig ❷

die **Schwie|rig|keit**,
die Schwie|rig|kei|ten ❼

es **schwillt** ◁ schwellen

schwim|men, du schwimmst,
er schwamm ❺

der **Schwin|del**

schwin|de|lig – schwind|lig

schwin|deln, du schwindelst

schwin|gen, du schwingst,
sie schwang

schwir|ren, du schwirrst

schwit|zen, du schwitzt

es **schwoll** ◁ schwellen

sie **schwor** ◁ schwören

schwö|ren, du schwörst,
sie schwor

schwül
der **Schwung**, die Schwün|ge
sechs
sechs|mal
sech|zig ➏
der **See** (größeres Gewässer im Land), die Se|en
die **See** (Meer)
die **See|le**, die See|len
das **Se|gel**, die Se|gel
se|geln, du segelst
der **Se|gen**, die Se|gen
se|hen, du siehst, er sah
die **Seh|ne**, die Seh|nen
sich **seh|nen**, du sehnst dich
die **Sehn|sucht**, die Sehn|süch|te
sehr ➑
seicht
ihr **seid** ◁ sein
die **Sei|de**, die Sei|den
die **Sei|fe**, die Sei|fen
das **Seil**, die Sei|le
sein, du bist, sie war
sein
seine
seiner
seit
seit|dem

die **Sei|te** (z.B. S. 3) (z.B. Buchseite), die Sei|ten
seit|her
seit|wärts
der **Sek|re|tär**, die Sek|re|tä|re
das **Sek|re|ta|ri|at**, die Sek|re|ta|ri|ate
die **Sek|re|tä|rin**, die Sek|re|tä|rin|nen
der **Sekt**
die **Sek|te**, die Sek|ten
die **Se|kun|de** (z.B. 5 s), die Se|kun|den
sel|ber
selbst
der **Selbst|laut**, die Selbst|lau|te
selbst|stän|dig – selb|stän|dig
selbst|ver|ständ|lich
se|lig
sel|ten ➊
selt|sam
die **Sem|mel**, die Sem|meln
sen|den, du sendest, er sandte – sendete ➍
der **Sen|der**, die Sen|der
die **Sen|dung**, die Sen|dun|gen
der **Senf**, die Sen|fe
sen|ken, du senkst

senk|recht
die Senk|rech|te,
die Senk|rech|ten
die Sen|sa|ti|on,
die Sen|sa|tio|nen
sen|sa|tio|nell
die Sen|se, die Sen|sen
sen|si|bel
der Sep|tem|ber
Ser|bi|en
die Se|rie, die Se|ri|en
die Ser|pen|ti|ne,
die Ser|pen|ti|nen
der Ser|vice – das Ser|vice,
die Ser|vi|ces
ser|vie|ren, du servierst
die Ser|vi|et|te, die Ser|vi|et|ten
der Ses|sel, die Ses|sel
sich set|zen, du setzt dich
die Seu|che, die Seu|chen
seuf|zen, du seufzt
das Sham|poo, die Sham|poos
der She|riff, die She|riffs
das Shirt, die Shirts
der Shop, die Shops
shop|pen, er shoppt
die Shorts, die Shorts
die Show, die Shows
sich

die Si|chel, die Si|cheln
si|cher
die Si|cher|heit,
die Si|cher|hei|ten
si|cher|lich
si|chern, du sicherst
die Si|che|rung,
die Si|che|run|gen ❼
die Sicht
sicht|bar
sie
das Sieb, die Sie|be
sie|ben, du siebst
sie|ben ❷
sie|ben|mal
sieb|zig
die Sied|lung, die Sied|lun|gen
der Sieg, die Sie|ge ❻
sie|gen, du siegst
du siehst ◁ sehen
das Sig|nal, die Sig|na|le
die Sil|be, die Sil|ben
das Sil|ber
das Si|lo, die Si|los
Sil|ves|ter
sie sind, sie waren ◁ sein
sin|gen, du singst, er sang
der Sin|gle, die Sin|gles
der Sin|gu|lar

169

sin|ken, es sinkt, es sank
der Sinn, die Sin|ne
   sinn|los ❸
   sinn|voll
die Sint|flut
die Si|re|ne, die Si|re|nen
der Si|rup, die Si|ru|pe –
   Si|rups
die Sit|te, die Sit|ten
die Si|tua|ti|on,
   die Si|tua|tio|nen
   sit|zen, du sitzt, sie saß ❹
die Sit|zung, die Sit|zun|gen
die Ska|la, die Ska|len
der Skan|dal, die Skan|da|le
das Skate|board,
   die Skate|boards
das Ske|lett, die Ske|let|te
der Sketch, die Sket|che
der Ski – Schi,
   die Ski|er – Schi|er
die Skiz|ze, die Skiz|zen
der Skla|ve, die Skla|ven
die Skla|vin, die Skla|vin|nen
der Skor|pi|on, die Skor|pio|ne
der Sla|lom, die Sla|loms
der Slip, die Slips
   Slo|wa|kei
   Slo|we|ni|en

das Smart|phone – Smart
   Phone, die Smart|phones –
   Smart Phones
der Smog, die Smogs
das Snow|board,
   die Snow|boards
   so
   so|bald
die So|cke – der So|cken,
   die So|cken ❺
   so|dass – so dass
das So|fa, die So|fas
 es soff ◁ saufen
   so|fort
das Soft|eis
die Soft|ware, die Soft|wares
sie sog ◁ saugen
   so|gar
die Soh|le (Schuhsohle),
   die Soh|len
der Sohn, die Söh|ne ❽
die So|lar|ener|gie
   sol|che
   sol|cher
   sol|ches
der Sol|dat, die Sol|da|ten
die Sol|da|tin, die Sol|da|tin|nen
die So|le (Salzwasser),
   die So|len

sol|len, du sollst
das **So|lo**, die Soli – Solos
so|mit
der **Som|mer**, die Som|mer
son|der|bar
son|dern ❶
der **Song**, die Songs
der **Sonn|abend**,
die Sonn|aben|de
sonn|abends
die **Son|ne**, die Son|nen
son|nig
der **Sonn|tag**, die Sonn|ta|ge
sonn|tags
sonst
so|oft
die **Sor|ge**, die Sor|gen
sor|gen, du sorgst ❶
die **Sorg|falt**
sorg|fäl|tig
die **Sor|te**, die Sor|ten
sor|tie|ren, du sortierst
die **So|ße**, die So|ßen
der **Sound**, die Sounds
so|weit
so|wie|so
so|wohl
so|zi|al
so|zu|sa|gen

die **Spa|ghet|ti** – Spa|get|ti
spä|hen, du spähst
der **Spalt** – die Spal|te,
die Spal|ten
der **Span**, die Spä|ne
die **Span|ge**, die Span|gen
Spa|ni|en
er **spann** ◁ spinnen
span|nen, du spannst
span|nend
die **Span|nung**,
die Span|nun|gen ❼
spa|ren, du sparst
der **Spar|gel**, die Spar|gel
spar|sam
der **Spaß**, die Spä|ße ❹
spa|ßen, du spaßt
spa|ßig
spät
der **Spa|ten**, die Spa|ten
spä|tes|tens
der **Spatz**, die Spat|zen
spa|zie|ren, du spazierst
der **Spa|zier|gang**,
die Spa|zier|gän|ge
der **Specht**, die Spech|te
der **Speck**, die Spe|cke
spe|ckig
der **Speer**, die Spee|re

die **Spei**|**che**, die Spei|chen

der **Spei**|**chel**

der **Spei**|**cher**, die Spei|cher

   spei|**chern**, du speicherst

die **Spei**|**se**, die Spei|sen

   spei|**sen**, du speist

die **Spen**|**de**, die Spen|den

   spen|**den**, du spendest ❸

der **Sper**|**ling**, die Sper|lin|ge

die **Sper**|**re**, die Sper|ren

   sper|**ren**, du sperrst

sich **spe**|**zia**|**li**|**sie**|**ren**,

   du spezialisierst dich

die **Spe**|**zia**|**li**|**tät**,

   die Spe|zia|li|tä|ten

   spe|**zi**|**ell**

   spi|**cken**, du spickst

der **Spick**|**zet**|**tel**,

   die Spick|zet|tel

der **Spie**|**gel**, die Spie|gel

   spie|**geln**, du spiegelst

das **Spiel**, die Spie|le

   spie|**len**, du spielst ❷

der **Spieß**, die Spie|ße

der **Spi**|**nat** ❽

die **Spin**|**ne**, die Spin|nen

   spin|**nen**, du spinnst,

   er spann

   spio|**nie**|**ren**, du spionierst

die **Spi**|**ra**|**le**, die Spi|ra|len

der **Spi**|**ri**|**tus**

   spitz

die **Spit**|**ze**, die Spit|zen

der **Spit**|**zel**, die Spit|zel

   spit|**zen**, du spitzt ❺

der **Spit**|**zer**, die Spit|zer

der **Split**|**ter**, die Split|ter

   split|**tern**, es splittert

der **Spon**|**sor**, die Spon|so|ren

die **Spon**|**so**|**rin**,

   die Spon|so|rin|nen

   spon|**tan**

der **Sport**

   sport|**lich**

der **Spot** (Werbespot), die Spots

der **Spott** (Gemeinheit)

   spot|**ten**, du spottest

   spöt|**tisch**

sie **sprach** ◁ sprechen

die **Spra**|**che**, die Spra|chen

   sprach|**lich**

   sprach|**los**

er **sprang** ◁ springen

das **Spray**, die Sprays

   spre|**chen**, du sprichst,

   sie sprach

   spren|**gen**, du sprengst

du **sprichst** ◁ sprechen

das **Sprich|wort**,
die Sprich|wör|ter
sprin|gen, du springst,
er sprang
der **Sprit**
die **Sprit|ze**, die Sprit|zen
sprit|zen, du spritzt
sprö|de
der **Spross**, die Spros|se
die **Spros|se**, die Spros|sen
der **Spruch**, die Sprü|che
der **Spru|del**, die Spru|del
sprü|hen, du sprühst
der **Sprung**, die Sprün|ge ❻
die **Spu|cke**
spu|cken, du spuckst
der **Spuk**
spu|ken, es spukt
spü|len, du spülst
die **Spur**, die Spu|ren ❼
spü|ren, du spürst
spur|los
der **Spurt**, die Spurts
spur|ten, du spurtest
der **Staat**, die Staa|ten
staat|lich
der **Stab**, die Stä|be ❻
sta|bil
sie **stach** ◁ stechen

der **Sta|chel**, die Sta|cheln
sta|che|lig – stach|lig
das **Sta|di|on**, die Sta|di|en
die **Stadt**, die Städ|te
städ|tisch
die **Staf|fel**, die Staf|feln
der **Stahl**, die Stäh|le
er **stahl** ◁ stehlen
der **Stall**, die Stäl|le
der **Stamm**, die Stäm|me ❸
stam|men, du stammst
stam|meln, du stammelst
stamp|fen, du stampfst
der **Stand**, die Stän|de
sie **stand** ◁ stehen
der **Stan|dard**, die Stan|dards
der **Stän|der**, die Stän|der
stän|dig
die **Stan|ge**, die Stan|gen
der **Stän|gel**, die Stän|gel
es **stank** ◁ stinken
der **Sta|pel**, die Sta|pel
sta|peln, du stapelst
stap|fen, du stapfst
der **Star** (Vogel), die Sta|re
der **Star** (z.B. Filmstar), die Stars
er **starb** ◁ sterben
stark, stärker,
am stärksten ❹

die **Stär|ke**, die Stär|ken
    stär|ker,
    am stärksten ◁ stark
    starr
    star|ren, du starrst
der **Start**, die Starts
    star|ten, du startest
die **Sta|ti|on**, die Sta|tio|nen
    statt
    statt|des|sen
    statt|fin|den, es findet statt,
    es fand statt
    statt|lich
die **Sta|tue**, die Sta|tu|en
der **Stau**, die Staus
der **Staub**
    stau|ben, es staubt
    stau|big
die **Stau|de**, die Stau|den
sich **stau|en**, es staut sich
    stau|nen, du staunst
das **Steak**, die Steaks
    ste|chen, du stichst,
    sie stach
    ste|cken, du steckst
der **Ste|cker**, die Ste|cker
der **Steg**, die Ste|ge ❻
    ste|hen, du stehst,
    sie stand

    steh|len, du stiehlst,
    er stahl ❽
    steif
    stei|gen, du steigst, sie stieg
    stei|gern, du steigerst
    steil
der **Stein**, die Stei|ne
der **Stein|bock**, die Stein|bö|cke
    stei|nig
die **Stel|le**, die Stel|len
    stel|len, du stellst ❺
    stell|ver|tre|tend
die **Stel|ze**, die Stel|zen
    stem|men, du stemmst
der **Stem|pel**, die Stem|pel
die **Step|pe**, die Step|pen
    ster|ben, du stirbst, er starb
der **Stern**, die Ster|ne
die **Stern|schnup|pe**,
    die Stern|schnup|pen
    stets
das **Steu|er** (z.B. Lenkrad),
    die Steu|er
die **Steu|er** (z.B.
    Mehrwertsteuer),
    die Steu|ern
    steu|ern, du steuerst
der **Stich**, die Sti|che
    du **stichst** ◁ stechen

sti|cken, du stickst

der Sti|cker, die Sti|cker

sti|ckig

der Stie|fel, die Stie|fel ❷

die Stief|el|tern

sie stieg ◁ steigen

du stiehlst ◁ stehlen

der Stiel (z.B. Besenstiel), die Stie|le

der Stier, die Stie|re

er stieß ◁ stoßen

der Stift, die Stif|te

der Stil (z.B. Musikstil), die Sti|le

still

die Stil|le

die Stim|me, die Stim|men ❹

stim|men, es stimmt

die Stim|mung, die Stim|mun|gen

stin|ken, es stinkt, es stank

du stirbst ◁ sterben

die Stirn – Stir|ne, die Stir|nen

stö|bern, du stöberst

sto|chern, du stocherst

der Stock, die Stö|cke

das Stock|werk, die Stock|wer|ke

der Stoff, die Stof|fe

stöh|nen, du stöhnst

der Stol|len, die Stol|len

stol|pern, du stolperst

der Stolz

stolz

stol|zie|ren, du stolzierst

STOP (auf Verkehrsschildern)

stop|fen, du stopfst

der Stopp, die Stopps

die Stop|pel, die Stop|peln

stop|pen, du stoppst ❺

der Stöp|sel, die Stöp|sel

der Storch, die Stör|che

stö|ren, du störst ❹

stör|risch

die Stö|rung, die Stö|run|gen

die Sto|ry, die Sto|rys

der Stoß, die Stö|ße

sto|ßen, du stößt, er stieß

stot|tern, du stotterst

straf|bar

die Stra|fe, die Stra|fen

der Strahl, die Strah|len

strah|len, du strahlst

die Strah|lung, die Strah|lun|gen ❼

die Sträh|ne, die Sträh|nen

stramm

stram|peln, du strampelst

der **Strand**, die Strän|de ❻
die **Stra|pa|ze**, die Stra|pa|zen
die **Stra|ße**, die Stra|ßen
die **Stra|te|gie**, die Stra|te|gi|en
sich **sträu|ben**, du sträubst dich
der **Strauch**, die Sträu|cher
der **Strauß** (Vogel), die Strau|ße
der **Strauß** (z.B. Blumenstrauß),
    die Sträu|ße
    stre|ben, du strebst
die **Stre|cke**, die Stre|cken
sich **stre|cken**, du streckst dich
der **Street|ball**
der **Streich**, die Strei|che
    strei|cheln, du streichelst
    strei|chen, du streichst,
    er strich ❷
der **Strei|fen**, die Strei|fen
    strei|fen, du streifst
der **Streik**, die Streiks
    strei|ken, du streikst
der **Streit**, die Strei|te
    strei|ten, du streitest,
    sie stritt
    streng
der **Stress**
    stres|sig ❸
    streu|en, du streust
    streu|nen, du streunst

der **Strich**, die Stri|che
er **strich** ◁ streichen
der **Strick**, die Stri|cke
    stri|cken, du strickst
sie **stritt** ◁ streiten
das **Stroh**
der **Strolch**, die Strol|che
der **Strom**, die Strö|me ❹
    strö|men, es strömt
die **Strö|mung**,
    die Strö|mun|gen
die **Stro|phe**, die Stro|phen
    strub|be|lig – strubb|lig
der **Stru|del**, die Stru|del
die **Struk|tur**, die Struk|tu|ren
der **Strumpf**, die Strümp|fe
    strup|pig
die **Stu|be**, die Stu|ben
das **Stück**, die Stü|cke
der **Stu|dent**, die Stu|den|ten
die **Stu|den|tin**,
    die Stu|den|tin|nen
    stu|die|ren, du studierst
das **Stu|dio**, die Stu|di|os
das **Stu|di|um**, die Stu|di|en
die **Stu|fe**, die Stu|fen
der **Stuhl**, die Stüh|le ❽
    stumm
    stumpf

die **Stun|de** (h), die Stun|den
   stünd|lich
   stur
der **Sturm**, die Stür|me
   stür|men, es stürmt
der **Stür|mer**, die Stür|mer
die **Stür|me|rin**,
   die Stür|me|rin|nen
   stür|misch
der **Sturz**, die Stür|ze
   stür|zen, du stürzt
die **Stu|te**, die Stu|ten
die **Stüt|ze**, die Stüt|zen
   stut|zen, du stutzt
   stüt|zen, du stützt
   stut|zig
das **Sty|ro|por** ❽
das **Sub|jekt**, die Sub|jek|te
das **Subs|tan|tiv**,
   die Subs|tan|ti|ve
die **Subs|tanz**, die Subs|tan|zen
   sub|tra|hie|ren,
   du subtrahierst
die **Sub|trak|ti|on**,
   die Sub|trak|tio|nen
die **Su|che**, die Su|chen
   su|chen, du suchst ❹
die **Sucht**, die Süch|te
   süch|tig ❻

der **Sü|den**
   süd|lich
die **Sum|me**, die Sum|men
   sum|men, du summst
der **Sumpf**, die Sümp|fe
die **Sün|de**, die Sün|den
   sün|di|gen, du sündigst
   su|per ❶
der **Su|per|markt**,
   die Su|per|märk|te
die **Sup|pe**, die Sup|pen
   sur|fen, du surfst
   süß
die **Sü|ßig|keit**,
   die Sü|ßig|kei|ten
   süß|lich ❸
das **Sweat|shirt**, die Sweat|shirts
der **Swim|ming|pool**,
   die Swim|ming|pools
das **Sym|bol**, die Sym|bo|le
die **Sym|met|rie**,
   die Sym|met|ri|en
   sym|met|risch
   sym|pa|thisch
die **Sy|na|go|ge**,
   die Sy|na|go|gen
das **Sys|tem**, die Sys|te|me ❽
   sys|te|ma|tisch
die **Sze|ne**, die Sze|nen

T

t (Tonne)
der **Ta|bak** ❼
die **Ta|bel|le**, die Ta|bel|len
das **Tab|lett**, die Tab|letts
die **Tab|let|te**, die Tab|let|ten ❺
der **Ta|cho**, die Ta|chos
der **Ta|del**, die Ta|del ❷
    ta|del|los
die **Ta|fel**, die Ta|feln
der **Tag**, die Ta|ge
    ta|ge|lang ❷
    täg|lich
der **Takt**, die Tak|te
    takt|los
    takt|voll
das **Tal**, die Tä|ler
das **Ta|lent**, die Ta|len|te
    ta|len|tiert
die **Talk|show**, die Talk|shows
der **Tank**, die Tanks
    tan|ken, du tankst
die **Tan|ne**, die Tan|nen ❺
die **Tan|te**, die Tan|ten
der **Tanz**, die Tän|ze

    tan|zen, du tanzt
der **Tän|zer**, die Tän|zer
die **Tän|ze|rin**,
    die Tän|ze|rin|nen
das **Tape** – der Tape, die Tapes
die **Ta|pe|te**, die Ta|pe|ten ❶
    ta|pe|zie|ren, du tapezierst
    tap|fer
sich **tar|nen**, du tarnst dich
die **Tar|nung**, die Tar|nun|gen
die **Ta|sche**, die Ta|schen
die **Tas|se**, die Tas|sen
die **Tas|ta|tur**, die Tas|ta|tu|ren
die **Tas|te**, die Tas|ten
    tas|ten, du tastest
die **Tat**, die Ta|ten
  er **tat** ◁ tun
    tä|tig ❹
die **Tä|tig|keit**, die Tä|tig|kei|ten
die **Tat|sa|che**, die Tat|sa|chen
    tat|säch|lich
die **Tat|ze**, die Tat|zen
das **Tau** (Seil), die Taue
der **Tau** (Morgentau)
    taub
die **Tau|be**, die Tau|ben ❼
    tau|chen, du tauchst
    tau|en, es taut
die **Tau|fe**, die Tau|fen

tau|fen, du wirst getauft

tau|gen, es taugt

tau|meln, du taumelst

tau|schen, du tauschst

täu|schen, du täuschst

die Täu|schung,
die Täu|schun|gen

tau|send ❻

das Ta|xi, die Ta|xis

das Team, die Teams

die Tech|nik, die Tech|ni|ken

tech|nisch

die Tech|no|lo|gie,
die Tech|no|lo|gi|en

tech|no|lo|gisch

der Ted|dy, die Ted|dys

der Tee, die Tees

der Teen|ager, die Teen|ager

der Teer ❽

der Teich, die Tei|che

der Teig, die Tei|ge

der Teil – das Teil, die Tei|le

teil|bar

tei|len, du teilst

die Teil|nah|me,
die Teil|nah|men

teil|neh|men, du nimmst teil,
er nahm teil

teils

teil|wei|se

das Te|le|fon, die Te|le|fo|ne ❶

te|le|fo|nie|ren,
du telefonierst

der Tel|ler, die Tel|ler ❷

der Tem|pel, die Tem|pel

das Tem|pe|ra|ment,
die Tem|pe|ra|men|te

die Tem|pe|ra|tur,
die Tem|pe|ra|tu|ren

das Tem|po,
die Tem|pos – Tem|pi

die Ten|denz, die Ten|den|zen

das Ten|nis ❺

der Tep|pich, die Tep|pi|che

der Ter|min, die Ter|mi|ne

die Ter|ras|se, die Ter|ras|sen

der Ter|ro|ris|mus

der Ter|ro|rist, die Ter|ro|ris|ten

die Ter|ro|ris|tin,
die Ter|ro|ris|tin|nen

der Test, die Tests – Tes|te

das Tes|ta|ment,
die Tes|ta|men|te

tes|ten, du testest

teu|er

der Teu|fel, die Teu|fel

die Teu|fe|lin, die Teu|fe|lin|nen

der Text, die Tex|te

das **Thea|ter**, die Thea|ter ❼
die **The|ke**, die The|ken
das **The|ma**, die The|men
    theo|re|tisch
die **Theo|rie**, die Theo|ri|en
die **The|ra|pie**, die The|ra|pi|en
das **Ther|mo|me|ter**,
    die Ther|mo|me|ter
die **Ther|mos|fla|sche**,
    die Ther|mos|fla|schen
der **Thron**, die Thro|ne
    Thü|rin|gen
    ti|cken, es tickt
das **Ti|cket**, die Ti|ckets ❻
    tief
die **Tie|fe**, die Tie|fen
das **Tier**, die Tie|re
der **Ti|ger**, die Ti|ger ❽
die **Tin|te**, die Tin|ten
der **Tipp**, die Tipps
    tip|pen, du tippst
    tipp|topp
der **Tisch**, die Ti|sche ❶
die **Tisch|le|rei**,
    die Tisch|le|rei|en
der **Ti|tel**, die Ti|tel
der **Toast**, die Toasts – Toas|te
    to|ben, du tobst
die **Toch|ter**, die Töch|ter

der **Tod**, die To|de
    töd|lich
    tod|si|cher
der **To|fu**
das **To|hu|wa|bo|hu**,
    die To|hu|wa|bo|hus
die **Toi|let|te**, die Toi|let|ten
    to|le|rant
die **To|le|ranz**
    toll ❷
    tol|len, du tollst ❺
der **Toll|patsch**,
    die Toll|pat|sche
die **Toll|wut**
die **To|ma|te**, die To|ma|ten
die **Tom|bo|la**, die Tom|bo|las
der **Ton**, die Tö|ne
    tö|nen, es tönt
die **Ton|ne** (z.B. 12 t),
    die Ton|nen
das **Top**, die Tops
der **Topf**, die Töp|fe ❼
    top|fit
das **Tor**, die To|re
    tö|richt
    tor|keln, du torkelst
der **Tor|nis|ter**, die Tor|nis|ter
die **Tor|te**, die Tor|ten
die **Tor|tel|li|ni**

der **Tor|wart**, die Tor|war|te

die **Tor|war|tin**,
die Tor|war|tin|nen

tot ❻

to|tal

der **To|te**, die To|ten

die **To|te**, die To|ten

tö|ten, du tötest

sich **tot|la|chen**,
du lachst dich tot

der **Touch|screen**,
die Touch|screens

die **Tour**, die Tou|ren

der **Tou|rist**, die Tou|ris|ten

die **Tou|ris|tin**,
die Tou|ris|tin|nen

tra|ben, du trabst

die **Tracht**, die Trach|ten

er **traf** ◁ treffen

die **Tra|di|ti|on**,
die Tra|di|tio|nen

tra|di|tio|nell

trä|ge ❹

tra|gen, du trägst, sie trug

du **trägst** ◁ tragen

trai|nie|ren, du trainierst

das **Trai|ning**, die Trai|nings

der **Trak|tor**, die Trak|to|ren

tram|peln, du trampelst

das **Tram|po|lin**,
die Tram|po|lins –
Tram|po|li|ne

die **Trä|ne**, die Trä|nen

sie **trank** ◁ trinken

der **Trans|port**, die Trans|por|te

trans|por|tie|ren,
du transportierst

das **Tra|pez**, die Tra|pe|ze

er **trat** ◁ treten ❻

die **Trau|be**, die Trau|ben

sich **trau|en**, du traust dich

die **Trau|er**

trau|ern, du trauerst

der **Traum**, die Träu|me

träu|men, du träumst

trau|rig

die **Trau|ung**, die Trau|un|gen

der **Tre|cker**, die Tre|cker

tref|fen, du triffst, er traf

trei|ben, du treibst, sie trieb

der **Trend**, die Trends

tren|nen, du trennst

die **Trep|pe**, die Trep|pen

der **Tre|sor**, die Tre|so|re

tre|ten, du trittst, er trat

treu ❷

die **Tri|an|gel**, die Tri|an|geln

die **Tri|bü|ne**, die Tri|bü|nen

der **Trich**|**ter**, die Trich|ter

der **Trick**, die Tricks

sie **trieb** ◁ treiben

du **triffst** ◁ treffen

das **Tri**|**kot**, die Tri|kots ❼

    trin|**ken**, du trinkst, sie trank

    trip|**peln**, du trippelst

der **Tritt**, die Trit|te ❺

du **trittst** ◁ treten

der **Tri**|**umph**, die Tri|um|phe

    tri|**um**|**phie**|**ren**,
    du triumphierst

    tro|**cken**

    trock|**nen**, es trocknet

    trö|**deln**, du trödelst

die **Trom**|**mel**, die Trom|meln ❺

die **Trom**|**pe**|**te**,
    die Trom|pe|ten ❶

die **Tro**|**pen**

    tröp|**feln**, es tröpfelt

der **Trop**|**fen**, die Trop|fen

    trop|**fen**, es tropft

der **Trost**

    trös|**ten**, du tröstest

der **Trotz** ❼

    trotz|**dem**

    trot|**zig**

    trüb ❻

der **Tru**|**bel**

sie **trug** ◁ tragen

die **Tru**|**he**, die Tru|hen

die **Trüm**|**mer**

die **Trup**|**pe**, die Trup|pen

der **Trut**|**hahn**, die Trut|häh|ne

    Tsche|**chi**|**en**

    tschüs – tschüss

das **T-Shirt**, die T-Shirts

der **Tsu**|**na**|**mi**, die Tsu|na|mis

die **Tu**|**be**, die Tu|ben

das **Tuch**, die Tü|cher

    tüch|**tig**

    tü|**ckisch**

    tüf|**teln**, du tüftelst

die **Tul**|**pe**, die Tul|pen

sich **tum**|**meln**, du tummelst dich

der **Tu**|**mor**, die Tu|mo|re

der **Tüm**|**pel**, die Tüm|pel

der **Tu**|**mult**, die Tu|mul|te

    tun, du tust, er tat

der **Tun**|**nel**,
    die Tun|nel – Tun|nels ❷

    tup|**fen**, du tupfst

die **Tür**, die Tü|ren

die **Tur**|**bi**|**ne**, die Tur|bi|nen

die **Tür**|**kei**

    tür|**kis**

der **Turm**, die Tür|me

    tur|**nen**, du turnst

das **Tur|nier**, die Tur|nie|re
die **Tu|sche**, die Tu|schen
tu|scheln,
du tuschelst
die **Tü|te**, die Tü|ten

die **U-Bahn**, die U-Bah|nen
übel
die **Übel|keit**
üben, du übst
über
über|all
über|flüs|sig
über|haupt
über|le|gen, du überlegst
über|mor|gen
der **Über|mut**
über|mü|tig
über|que|ren, du überquerst
die **Über|ra|schung**,
die Über|ra|schun|gen
die **Über|schwem|mung**,
die Über|schwem|mun|gen

tu|ten, es tutet
der **TÜV**
das **TV**
der **Typ**, die Ty|pen ❽
ty|pisch

über|set|zen,
du übersetzt ❸
über|sicht|lich
üb|lich
das **U-Boot**, die U-Boo|te
üb|rig
üb|ri|gens
die **Übung**, die Übun|gen
das **Ufer**, die Ufer
das **Ufo**, die Ufos
die **Uhr**, die Uh|ren
der **Uhu**, die Uhus
ul|kig
die **Ul|me**, die Ul|men
der **Ult|ra|schall**
um
um|ge|kehrt

183

um|her
um|keh|ren, du kehrst um
der Um|laut, die Um|lau|te
der Um|riss, die Um|ris|se
der Um|schlag,
    die Um|schlä|ge
um|sonst ❸
um|ständ|lich
der Um|weg, die Um|we|ge
der Um|welt|schutz
die Um|welt|ver|schmut|zung
um|zie|hen, du ziehst um,
    sie zog um
der Um|zug, die Um|zü|ge
un|be|dingt
un|be|quem
und
un|end|lich
un|ent|schie|den
un|fair
der Un|fall, die Un|fäl|le
Un|garn
un|ge|fähr
das Un|ge|heu|er,
    die Un|ge|heu|er
un|ge|nü|gend
das Un|ge|zie|fer
un|glaub|lich
das Un|glück, die Un|glü|cke

un|heim|lich
die Uni|form, die Uni|for|men
un|in|te|res|sant
die Uni|ver|si|tät,
    die Uni|ver|si|tä|ten
das Un|recht
un|re|gel|mä|βig
die Un|ru|he, die Un|ru|hen
un|ru|hig ❻
uns
un|ser
un|se|re
un|se|res
die Un|schuld
un|schul|dig
un|si|cher
un|sicht|bar
der Un|sinn
un|sin|nig
un|ten
un|ter
die Un|ter|bre|chung,
    die Un|ter|bre|chun|gen ❸
un|ter|ei|nan|der
die Un|ter|füh|rung,
    die Un|ter|füh|run|gen
sich un|ter|hal|ten,
    du unterhältst dich,
    sie unterhielt sich

du **un|ter|hältst** dich ◁ sich
unterhalten

sie **un|ter|hielt** sich ◁ sich
unterhalten

der **Un|ter|richt**
un|ter|rich|ten,
sie unterrichtet
un|ter|schei|den,
du unterscheidest,
er unterschied

er **un|ter|schied**
◁ unterscheiden

der **Un|ter|schied,**
die Un|ter|schie|de
un|ter|schrei|ben,
du unterschreibst,
er unterschrieb

er **un|ter|schrieb**
◁ unterschreiben

die **Un|ter|schrift,**
die Un|ter|schrif|ten
un|ter|strei|chen,
du unterstreichst,
sie unterstrich

sie **un|ter|strich**
◁ unterstreichen
un|ter|stüt|zen,
du unterstützt

die **Un|ter|stüt|zung,**
die Un|ter|stüt|zun|gen

die **Un|ter|su|chung,**
die Un|ter|su|chun|gen
un|ter|su|chen,
du untersuchst ❷
un|ter|wegs
un|ver|schämt

das **Un|wet|ter,** die Un|wet|ter
un|zäh|lig
ur|alt

der **Ura|nus**

die **Ur|groß|el|tern** ❸

die **Ur|groß|mut|ter,**
die Ur|groß|müt|ter

der **Ur|groß|va|ter,**
die Ur|groß|vä|ter

der **Urin**

die **Ur|kun|de,** die Ur|kun|den

der **Ur|laub,** die Ur|lau|be

die **Ur|sa|che,** die Ur|sa|chen
ur|sprüng|lich
ur|tei|len, du urteilst

der **Ur|wald,** die Ur|wäl|der

die **USA**

der **USB-Stick,** die USB-Sticks
usw. (und so weiter)

die **UV-Strah|len**

V (Volt)

va|ge

die **Va|gi|na**, die Va|gi|nen

der **Vam|pir**, die Vam|pi|re

die **Va|nil|le** ❼

die **Va|ri|an|te**, die Va|ri|an|ten

die **Va|se**, die Va|sen ❽

der **Va|ter**, die Vä|ter ❷

ve|ge|ta|risch

das **Veil|chen**, die Veil|chen ❼

das **Ven|til**, die Ven|ti|le

der **Ven|ti|la|tor**,

die Ven|ti|la|to|ren

die **Ve|nus**

sich **ver|ab|re|den**,

du verabredest dich

sich **ver|ab|schie|den**,

du verabschiedest dich

ver|ach|ten, du verachtest

ver|än|dern, du veränderst

die **Ve|ran|da**, die Ve|ran|den

ver|an|stal|ten,

du veranstaltest

ver|ant|wort|lich

die **Ver|ant|wor|tung**

das **Verb**, die Ver|ben ❽

der **Ver|band**, die Ver|bän|de

er **ver|band** ◁ verbinden

er **ver|barg** ◁ verbergen

ver|ber|gen, du verbirgst,

er verbarg

ver|bes|sern, du verbesserst

die **Ver|bes|se|rung**,

die Ver|bes|se|run|gen

ver|bie|ten, du verbietest,

sie verbot

ver|bin|den, du verbindest,

er verband ❸

du **ver|birgst** ◁ verbergen

das **Ver|bot**, die Ver|bo|te ❻

sie **ver|bot** ◁ verbieten

er **ver|brann|te** ◁ verbrennen

das **Ver|bre|chen**,

die Ver|bre|chen

ver|bren|nen, du verbrennst,

er verbrannte

die **Ver|bren|nung**,

die Ver|bren|nun|gen

der **Ver|dacht**, die Ver|dach|te –

Ver|däch|te

ver|däch|ti|gen,

du verdächtigst

ver|dammt

ver|dan|ken,
du verdankst ❷

es ver|darb ◁ verderben

ver|dau|en, du verdaust

die Ver|dau|ung

ver|der|ben, es verdirbt,
es verdarb

ver|die|nen, du verdienst

der Ver|dienst, die Ver|diens|te

es ver|dirbt ◁ verderben

ver|duns|ten, es verdunstet

ver|dutzt

ver|eh|ren, du verehrst

der Ver|ein, die Ver|ei|ne

ver|ein|ba|ren,
du vereinbarst

ver|fas|sen, du verfasst

die Ver|fas|sung,
die Ver|fas|sun|gen ❼

ver|fau|len, es verfault

ver|flixt ❻

ver|fol|gen, du verfolgst

er ver|gab ◁ vergeben

die Ver|gan|gen|heit ❼

sie ver|gaß ◁ vergessen

ver|ge|ben, du vergibst,
er vergab ❷

ver|geb|lich

ver|ges|sen, du vergisst,
sie vergaß

ver|gess|lich

du ver|gibst ◁ vergeben

du ver|gisst ◁ vergessen

ver|glei|chen,
du vergleichst, sie verglich

sie ver|glich ◁ vergleichen

das Ver|gnü|gen,
die Ver|gnü|gen

sich ver|gnü|gen,
du vergnügst dich

ver|haf|ten, er verhaftet

sich ver|hal|ten, du verhältst
dich, er verhielt sich

du ver|hältst dich ◁ sich
verhalten

ver|heim|li|chen,
du verheimlichst

ver|hei|ra|tet

ver|hext

er ver|hielt sich ◁ sich
verhalten

ver|hin|dern, du verhinderst

sich ver|ir|ren, du verirrst dich

ver|kau|fen, du verkaufst ❹

der Ver|käu|fer, die Ver|käu|fer

die Ver|käu|fe|rin,
die Ver|käu|fe|rin|nen

187

der **Ver|kehr**
ver|kehrt
sich **ver|klei|den**,
   du verkleidest dich ❸
   ver|lan|gen, du verlangst
   ver|län|gern, du verlängerst
   ver|las|sen, du verlässt,
   er verließ ❽
du **ver|lässt** ◁ verlassen
sich **ver|lau|fen**, du verläufst
   dich, er verlief sich
du **ver|läufst** dich ◁ sich
   verlaufen
   ver|lei|hen, du verleihst,
   sie verlieh
   ver|let|zen, du verletzt
die **Ver|let|zung**,
   die Ver|let|zun|gen
sich **ver|lie|ben**,
   du verliebst dich ❸
   ver|liebt
er **ver|lief** sich ◁ sich verlaufen
sie **ver|lieh** ◁ verleihen
   ver|lie|ren, du verlierst,
   sie verlor
er **ver|ließ** ◁ verlassen
sich **ver|lo|ben**,
   du verlobst dich
sie **ver|lor** ◁ verlieren

die **Ver|lo|sung**,
   die Ver|lo|sun|gen
der **Ver|lust**, die Ver|lus|te
sich **ver|meh|ren**,
   sie vermehren sich
   ver|mei|den, du vermeidest,
   sie vermied
sie **ver|mied** ◁ vermeiden
   ver|mie|ten, du vermietest
   ver|mis|sen, du vermisst
das **Ver|mö|gen**, die Ver|mö|gen
   ver|mu|ten, du vermutest
   ver|mut|lich
   ver|nich|ten, du vernichtest
die **Ver|nunft**
   ver|nünf|tig
   ver|pa|cken, du verpackst
   ver|pas|sen, du verpasst
die **Ver|pfle|gung** ❼
   ver|plem|pern,
   du verplemperst
der **Ver|rat** ❻
   ver|ra|ten, du verrätst,
   er verriet
du **ver|rätst** ◁ verraten
   ver|rei|sen, du verreist
er **ver|riet** ◁ verraten
   ver|rückt
der **Vers**, die Ver|se ❷

188

der **Ver|sand**

er **ver|sank** ◁ versinken

ver|säu|men, du versäumst

ver|scheu|chen,
du verscheuchst

ver|schie|den

ver|schla|fen,
du verschläfst,
er verschlief ❹

du **ver|schläfst** ◁ verschlafen

sich **ver|schlech|tern**,
du verschlechterst dich

er **ver|schlief** ◁ verschlafen

ver|schlie|ßen,
du verschließt, er verschloss

er **ver|schloss** ◁ verschließen

der **Ver|schluss**,
die Ver|schlüs|se

ver|schmitzt

die **Ver|schmut|zung** ❼

ver|schmut|zen,
du verschmutzt

sie **ver|schwand**
◁ verschwinden

ver|schwen|den,
du verschwendest

ver|schwin|den,
du verschwindest,
sie verschwand

ver|schwom|men

sich **ver|schwö|ren**,
ihr verschwört euch

das **Ver|se|hen**,
die Ver|se|hen ❽

ver|se|hent|lich

ver|sen|gen, du versengst

ver|sen|ken, du versenkst

ver|set|zen, du versetzt

die **Ver|si|che|rung**,
die Ver|si|che|run|gen

ver|sin|ken, du versinkst,
er versank

sich **ver|söh|nen**,
du versöhnst dich

die **Ver|spä|tung**,
die Ver|spä|tun|gen

das **Ver|spre|chen**,
die Ver|spre|chen

der **Ver|stand** ❻

sie **ver|stand** ◁ verstehen

ver|ständ|lich

ver|stau|chen,
du verstauchst

das **Ver|steck**, die Ver|ste|cke

ver|ste|hen, du verstehst,
sie verstand

der **Ver|such**, die Ver|su|che

ver|su|chen, du versuchst

189

ver|tei|di|gen, du verteidigst
ver|tei|len, du verteilst
der Ver|trag, die Ver|trä|ge
sich ver|tra|gen, du verträgst
dich, er vertrug sich
du ver|trägst dich ◁ sich
vertragen
das Ver|trau|en
ver|trau|en, du vertraust
ver|trau|lich
der Ver|tre|ter, die Ver|tre|ter
die Ver|tre|te|rin,
die Ver|tre|te|rin|nen
er ver|trug sich ◁ vertragen
ver|un|glü|cken,
du verunglückst ❸
ver|ur|tei|len, du verurteilst
sich ver|wan|deln,
du verwandelst dich
ver|wandt
er ver|wand|te ◁ verwenden
der Ver|wand|te,
die Ver|wand|ten
die Ver|wand|te,
die Ver|wand|ten
ver|wech|seln,
du verwechselst
der Ver|weis, die Ver|wei|se
ver|wel|ken, es verwelkt

ver|wen|den, du verwendest,
er verwandte – verwendete
ver|wirrt
ver|wit|tern, es verwittert
ver|wöh|nen, du verwöhnst
ver|wun|dert
ver|wun|det
die Ver|wun|dung,
die Ver|wun|dun|gen
ver|zeh|ren, du verzehrst
das Ver|zeich|nis,
die Ver|zeich|nis|se
ver|zei|hen, du verzeihst,
er verzieh
ver|zich|ten, du verzichtest
er ver|zieh ◁ verzeihen
ver|zie|ren, du verzierst
ver|zwei|feln,
du verzweifelst
der Vet|ter, die Vet|tern
das Vi|deo, die Vi|de|os
die Vi|deo|thek,
die Vi|deo|the|ken ❽
das Vieh ❼
viel, mehr, am meisten
die Viel|falt
viel|fäl|tig
viel|leicht
viel|mehr

vier ❷
vier|mal
das **Vier|eck**, die Vier|ecke
das **Vier|tel**, die Vier|tel
vier|zig
die **Vil|la**, die Vil|len ❺
vio|lett
die **Vio|li|ne**, die Vio|li|nen
das **Vi|rus** – der Vi|rus,
die Vi|ren
das **Vi|sum**, die Vi|sa – Vi|sen
das **Vi|ta|min**, die Vi|ta|mi|ne
der **Vi|ze|meis|ter**,
die Vi|ze|meis|ter
die **Vi|ze|meis|te|rin**,
die Vi|ze|meis|te|rin|nen
der **Vo|gel**, die Vö|gel
die **Vo|ka|bel**, die Vo|ka|beln
der **Vo|kal**, die Vo|ka|le
das **Volk**, die Völ|ker
Völ|ker|ball
voll ❺
Vol|ley|ball ❽
völ|lig
voll|kom|men
voll|stän|dig
voll|zäh|lig
Volt (z.B. 5 V)
vom

von
von|ei|nan|der ❷
vor
vo|ran
vo|raus
vo|raus|sicht|lich
vor|bei
vor|be|rei|ten,
du bereitest vor
das **Vor|bild**, die Vor|bil|der
vor|bild|lich
der **Vor|der|grund**
vor|ei|lig
vor|erst
die **Vor|fahrt** ❻
vor|han|den
der **Vor|hang**, die Vor|hän|ge
vor|her
vor|hin
vo|rig
vor|läu|fig
die **Vor|lie|be**, die Vor|lie|ben
der **Vor|mit|tag**,
die Vor|mit|ta|ge
vor|mit|tags
der **Vor|mund**, die Vor|mun|de –
Vor|mün|der
vorn – vor|ne
der **Vor|na|me**, die Vor|na|men

vor|nehm
der **Vor|ort**, die Vor|or|te
der **Vor|rat**, die Vor|rä|te
der **Vor|satz**, die Vor|sät|ze
der **Vor|schlag**, die Vor|schlä|ge
die **Vor|schrift**,
    die Vor|schrif|ten
die **Vor|sicht**
    vor|sich|tig
die **Vor|sil|be**, die Vor|sil|ben
der **Vor|stand**, die Vor|stän|de
sich **vor|stel|len**,
    du stellst dich vor ❸

die **Vor|stel|lung**,
    die Vor|stel|lun|gen ❼
der **Vor|teil**, die Vor|tei|le
    vor|tra|gen, du trägst vor,
    er trug vor ❹
    vo|rü|ber
das **Vor|ur|teil**,
    die Vor|ur|tei|le
die **Vor|wahl**, die Vor|wah|len
    vor|wärts
der **Vor|wurf**, die Vor|wür|fe
    vor|zei|tig
der **Vul|kan**, die Vul|ka|ne ❽

W (Watt)
die **Waa|ge**, die Waa|gen
    waa|ge|recht – waag|recht
    wach ❷
    wa|chen, du wachst
das **Wachs**, die Wach|se
    wach|sam
    wach|sen, du wächst,
    sie wuchs

    du **wäschst** ◁ waschen
das **Wachs|tum** ❼
    wa|cke|lig – wack|lig ❻
    wa|ckeln, du wackelst
die **Wa|de**, die Wa|den
die **Waf|fe**, die Waf|fen ❺
die **Waf|fel**, die Waf|feln
    wa|ge|mu|tig
der **Wa|gen**, die Wa|gen

wa|**gen**, du wagst

der **Wag**|**gon** – Wa|gon,

    die Wag|gons – Wa|gons

wag|**hal**|**sig**

der **Wa**|**gon** – Wag|gon,

    die Wa|gons – Wag|gons

die **Wahl**, die Wah|len

wäh|**len**, du wählst ❹

wahn|**sin**|**nig**

wahr

wäh|**rend**

wahr|**haf**|**tig**

die **Wahr**|**heit**, die Wahr|hei|ten

wahr|**neh**|**men**, du nimmst

    wahr, er nahm wahr ❽

wahr|**schein**|**lich**

die **Wäh**|**rung**, die Wäh|run|gen

die **Wai**|**se**, die Wai|sen

der **Wal**, die Wa|le ❶

der **Wald**, die Wäl|der

Wal|**king**

der **Wall**, die Wäl|le

die **Wal**|**nuss**, die Wal|nüs|se

sich **wäl**|**zen**, du wälzt dich

die **Wand**, die Wän|de

der **Wan**|**del**

wan|**dern**, du wanderst ❷

  er **wand**|**te** sich ◁ sich wenden

die **Wan**|**ge**, die Wan|gen

wan|**ken**, du wankst

wann

die **Wan**|**ne**, die Wan|nen ❺

das **Wap**|**pen**, die Wap|pen

sie **war** ◁ sein

  er **warb** ◁ werben

die **Wa**|**re**, die Wa|ren

sie **warf** ◁ werfen

warm, wärmer,

    am wärmsten ❹

die **Wär**|**me**

wär|**men**, du wärmst

wär|**mer**,

    am wärmsten ◁ warm

war|**nen**, du warnst

du **warst** ◁ sein

war|**ten**, du wartest

der **Wär**|**ter**, die Wär|ter

die **Wär**|**te**|**rin**,

    die Wär|te|rin|nen

wa|**rum**

die **War**|**ze**, die War|zen

was

die **Wä**|**sche**, die Wä|schen

wa|**schen**, du wäschst,

    er wusch

du **wäschst** ◁ waschen

das **Was**|**ser**,

    die Was|ser – Wäs|ser

wa|ten, du watest

wat|scheln, du watschelst

Watt (z.B. 30 W)

das Watt (Wattenmeer)

die Wat|te

das Wave|board,
die Wave|boards

das Web

die Web|cam, die Web|cams

we|ben, du webst

die Web|site, die Web|sites

der Wech|sel, die Wech|sel

das Wech|sel|geld

wech|seln, du wechselst

we|cken, du weckst

der We|cker, die We|cker ❼

we|der

der Weg, die We|ge

weg

we|gen

we|hen, es weht

sich weh|ren, du wehrst dich

weh|tun – weh tun, es tut
weh, es tat weh

weib|lich

weich ❷

die Wei|che, die Wei|chen

die Wei|de, die Wei|den

sich wei|gern, du weigerst dich

der Wei|her, die Wei|her

Weih|nach|ten

weih|nacht|lich

weil

die Wei|le

der Wein, die Wei|ne ❶

wei|nen, du weinst

wei|se

weis|ma|chen,
du machst weis

weiß

du weißt ◁ wissen

weit

weit|aus

wei|ter

wei|ter|hin

weit|ge|hend

weit|sich|tig

der Weit|sprung ❸

der Wei|zen

wel|che

wel|cher

wel|ches

welk

wel|ken, sie welkt

die Wel|le, die Wel|len ❺

der Wel|pe, die Wel|pen

die Welt, die Wel|ten ❻

das Welt|all

der **Welt**|**krieg**, die Welt|krie|ge

der **Welt**|**meis**|**ter**,
    die Welt|meis|ter ❸

die **Welt**|**meis**|**te**|**rin**,
    die Welt|meis|te|rin|nen

die **Welt**|**meis**|**ter**|**schaft**,
    die Welt|meis|ter|schaf|ten
    welt|**weit**
    wem
    wen

die **Wen**|**de**, die Wen|den
    wen|**den**, du wendest

sich **wen**|**den**, du wendest dich,
    er wandte sich
    wen|**dig**
    we|**nig**
    we|**nigs**|**tens**
    wenn
    wer

die **Wer**|**bung**, die Wer|bun|gen
    wer|**ben**, du wirbst, er warb
    wer|**den**, es wird, sie wurde
    wer|**fen**, du wirfst, sie warf

die **Werft**, die Werf|ten

das **Werk**, die Wer|ke ❻

die **Werk**|**statt**, die Werk|stät|ten

das **Werk**|**zeug**, die Werk|zeu|ge
    wert

der **Wert**, die Wer|te

    wert|**voll**

das **We**|**sen**, die We|sen
    we|**sent**|**lich**

die **We**|**ser**
    wes|**halb**

die **Wes**|**pe**, die Wes|pen
    wes|**sen**

die **Wes**|**te**, die Wes|ten

der **Wes**|**ten**

der **Wes**|**tern**, die Wes|tern
    west|**lich**
    wes|**we**|**gen**

der **Wett**|**be**|**werb**,
    die Wett|be|wer|be

die **Wet**|**te**, die Wet|ten
    wet|**ten**, du wettest ❺

das **Wet**|**ter**

der **Wett**|**kampf**,
    die Wett|kämp|fe
    wich|**tig**
    wi|**ckeln**, du wickelst
    wi|**der** (gegen)
    wi|**der**|**le**|**gen**, du widerlegst
    wi|**der**|**lich**

sie **wi**|**der**|**rief** ◁ widerrufen
    wi|**der**|**ru**|**fen**, du widerrufst,
    sie widerrief

er **wi**|**der**|**sprach**
    ◁ widersprechen

wi|der|spre|chen,
du widersprichst,
er widersprach ❸

der Wi|der|spruch,
die Wi|der|sprü|che

der Wi|der|stand,
die Wi|der|stän|de

der Wi|der|wil|le ❼

wid|men, du widmest

wie

wie|der (nochmals)

wie|der|ho|len,
du wiederholst

das Wie|der|se|hen,
die Wie|der|se|hen

wie|de|rum

die Wie|ge, die Wie|gen ❷

wie|gen, du wiegst, sie wog

wie|hern, es wiehert

die Wie|se, die Wie|sen ❷

das Wie|sel, die Wie|sel

wie|so

das Wild

wild

die Wild|nis, die Wild|nis|se

der Wil|le ❺

wil|lig

will|kom|men

will|kür|lich

du willst ◁ wollen

wim|meln, es wimmelt

wim|mern, du wimmerst

die Wim|per, die Wim|pern

der Wind, die Win|de

die Win|del, die Win|deln

win|dig

die Wind|po|cken

der Win|kel, die Win|kel

win|ke|lig – wink|lig

win|ken, du winkst

win|seln, du winselst

der Win|ter, die Win|ter

der Win|zer, die Win|zer

die Win|ze|rin,
die Win|ze|rin|nen

win|zig

der Wip|fel, die Wip|fel

die Wip|pe, die Wip|pen

wip|pen, du wippst

wir

der Wir|bel, die Wir|bel

wir|beln, du wirbelst

die Wir|bel|säu|le,
die Wir|bel|säu|len

du wirbst ◁ werben

es wird ◁ werden ❻

du wirfst ◁ werfen

wir|ken, du wirkst

wirk|lich
die Wirk|lich|keit
wirk|sam
die Wir|kung, die Wir|kun|gen
wirr
der Wirr|warr
der Wirt, die Wir|te
die Wir|tin, die Wir|tin|nen
die Wirt|schaft,
die Wirt|schaf|ten ❼
wirt|schaf|ten,
du wirtschaftest
wirt|schaft|lich
wi|schen, du wischst
wis|pern, du wisperst
wis|sen, du weißt,
sie wusste
die Wis|sen|schaft,
die Wis|sen|schaf|ten
wis|sen|schaft|lich
die Wit|te|rung,
die Wit|te|run|gen
die Wit|we, die Wit|wen
der Wit|wer, die Wit|wer
der Witz, die Wit|ze
wit|zig
das WLAN, die WLANs
wo
wo|an|ders

wo|bei
die Wo|che, die Wo|chen
das Wo|chen|en|de,
die Wo|chen|en|den
wo|chen|lang
wö|chent|lich
wo|durch
wo|für
sie wog ◁ wiegen
die Wo|ge, die Wo|gen
wo|her
wo|hin
wohl
wohl|ha|bend
woh|nen, du wohnst
wohn|lich ❸
die Woh|nung,
die Woh|nun|gen ❼
woh|nungs|los
der Wolf, die Wöl|fe
die Wol|ke, die Wol|ken
wol|kig ❷
die Wol|le ❺
wol|len, du willst
wo|mit
wo|mög|lich
wo|nach
die Won|ne, die Won|nen
wo|ran

wo|rauf

das **World Wide Web** (WWW)

das **Wort**, die Wör|ter – Wor|te

wört|lich

wo|rü|ber

wo|von

wo|zu

das **Wrack**, die Wracks

der **Wrap**, die Wraps

sie **wuchs** ◁ wachsen

die **Wucht** ❻

wuch|tig

wüh|len, du wühlst

wund

die **Wun|de**, die Wun|den

das **Wun|der**, die Wun|der

wun|der|bar

sich **wun|dern**, du wunderst dich

wun|der|schön

der **Wunsch**, die Wün|sche

wün|schen, du wünschst

sie **wur|de** ◁ werden

der **Wurf**, die Wür|fe ❷

der **Wür|fel**, die Wür|fel

wür|feln, du würfelst

wür|gen, du würgst

der **Wurm**, die Wür|mer ❼

die **Wurst**, die Würs|te

die **Wur|zel**, die Wur|zeln

wür|zen, du würzt

wür|zig ❻

er **wusch** ◁ waschen

sie **wuss|te** ◁ wissen

wüst

die **Wüs|te**, die Wüs|ten

die **Wut**

wü|tend

WWW (World Wide Web)

die **X-Bei|ne**

x-mal

das **Xy|lo|fon** – Xy|lo|phon,
die Xy|lo|fo|ne –
Xy|lo|pho|ne ❽

Y

die **Yacht** – Jacht,
   die Yach|ten – Jach|ten
das **Yak**, die Yaks

das **Yo|ga** – Jo|ga – der Yo|ga –
   Jo|ga
das **Yp|si|lon**, die Yp|si|lons

Z

die **Za|cke** – der Za|cken,
   die Za|cken
   zag|haft
   zäh ❷
die **Zahl**, die Zah|len
   zah|len, du zahlst
   zäh|len, du zählst ❹
der **Zäh|ler**, die Zäh|ler
   zahl|reich
das **Zahl|wort**, die Zahl|wör|ter
   zahm
   zäh|men, du zähmst
der **Zahn**, die Zäh|ne
die **Zahn|pas|ta**

die **Zan|ge**, die Zan|gen
sich **zan|ken**, du zankst dich
das **Zäpf|chen**, die Zäpf|chen
der **Zap|fen**, die Zap|fen
   zap|pe|lig – zapp|lig
   zap|peln, du zappelst ❺
   zap|pen, du zappst
   zart
   zärt|lich ❸
die **Zärt|lich|keit**,
   die Zärt|lich|kei|ten
   zau|bern, du zauberst
der **Zaun**, die Zäu|ne ❶
   z.B. (zum Beispiel)

das **Zeb|ra**, die Zeb|ras ❼
der **Zeb|ra|strei|fen**,
   die Zeb|ra|strei|fen
die **Ze|cke**, die Ze|cken
die **Ze|he** – der Zeh, die Ze|hen
   zehn
   zehn|mal
das **Zei|chen**, die Zei|chen
   zeich|nen, du zeichnest
die **Zeich|nung**,
   die Zeich|nun|gen
   zei|gen, du zeigst
der **Zei|ger**, die Zei|ger
die **Zei|le**, die Zei|len
die **Zeit**, die Zei|ten
   zei|tig
   zeit|lich ❸
die **Zeit|schrift**,
   die Zeit|schrif|ten
die **Zei|tung**, die Zei|tun|gen
   zeit|wei|se
die **Zel|le**, die Zel|len
das **Zelt**, die Zel|te
   zel|ten, du zeltest
der **Ze|ment**
   zen|sie|ren, er zensiert
die **Zen|sur**, die Zen|su|ren
der **Zen|ti|me|ter** (z.B. 30 cm),
   die Zen|ti|me|ter

der **Zent|ner**, die Zent|ner
   zent|ral
die **Zent|ra|le**, die Zent|ra|len
das **Zent|rum**, die Zent|ren
der **Zep|pe|lin**, die Zep|pe|li|ne
er **zer|brach** ◁ zerbrechen
   zer|bre|chen, du zerbrichst,
   er zerbrach
du **zer|brichst** ◁ zerbrechen
   zer|drü|cken, du zerdrückst
   zer|klei|nern, du zerkleinerst
   zer|knirscht
   zer|knül|len, du zerknüllst
   zer|rei|ßen, du zerreißt,
   sie zerriss
   zer|ren, du zerrst
sie **zer|riss** ◁ zerreißen ❺
die **Zer|rung**, die Zer|run|gen
   zer|stö|ren, du zerstörst
   zer|streut
der **Zet|tel**, die Zet|tel
das **Zeug** ❻
der **Zeu|ge**, die Zeu|gen
die **Zeu|gin**, die Zeu|gin|nen
das **Zeug|nis**, die Zeug|nis|se
   zick|zack
die **Zie|ge**, die Zie|gen ❼
der **Zie|gel**, die Zie|gel
   zie|hen, du ziehst, er zog

das **Ziel**, die Zie|le ❷

zie|len, du zielst

ziem|lich

sich **zie|ren**, du zierst dich

zier|lich

die **Zif|fer**, die Ziffern

die **Zi|ga|ret|te**, die Zi|ga|ret|ten

die **Zi|gar|re**, die Zi|gar|ren

das **Zim|mer**, die Zim|mer

zim|per|lich

der **Zimt**

das **Zinn**

der **Zins**, die Zin|sen

der **Zip|fel**, die Zip|fel

zir|ka – circa (ca.)

der **Zir|kel**, die Zir|kel

der **Zir|kus** – Cir|cus,

die Zir|kus|se – Cir|cus|se

zir|pen, es zirpt

zi|schen, du zischst

das **Zi|tat**, die Zi|ta|te

die **Zi|ther**, die Zi|thern

zi|tie|ren, du zitierst

die **Zit|ro|ne**, die Zit|ro|nen ❷

zit|te|rig – zitt|rig

zit|tern, du zitterst

die **Zit|ze**, die Zit|zen

der **Zoff** ❺

sich **zof|fen**, du zoffst dich

er **zog** ◁ ziehen

zö|gern, du zögerst

der **Zoll**, die Zöl|le

die **Zo|ne**, die Zo|nen

der **Zoo**, die Zoos ❽

der **Zopf**, die Zöp|fe

der **Zorn**

zor|nig

zu

zu|al|ler|erst

zu|al|ler|letzt

das **Zu|be|hör**, die Zu|be|hö|re

zu|be|rei|ten,

du bereitest zu

die **Zucht**, die Zuch|ten

züch|ten, du züchtest

zu|cken, du zuckst

der **Zu|cker** ❼

das **Zu|cker|fest**

zu|dem

zu|ei|nan|der

zu|erst

der **Zu|fall**, die Zu|fäl|le

zu|fäl|lig

zu|frie|den

die **Zu|frie|den|heit** ❸

der **Zug**, die Zü|ge ❻

der **Zu|gang**, die Zu|gän|ge

zu|gäng|lich

zu|ge|ben, du gibst zu,
er gab zu

der **Zü|gel**, die Zü|gel

zü|gig

zu|gleich

der **Zu|griff**, die Zu|grif|fe

zu|grun|de – zu Grun|de

zu|guns|ten – zu Guns|ten

zu|hau|se – zu Hau|se

das **Zu|hau|se**

zu|hö|ren, du hörst zu

die **Zu|kunft**

zu|künf|tig ❷

zu|las|sen, du lässt zu,
sie ließ zu

zu|läs|sig

zu|letzt

zu|lie|be

zum

zu|mal

zu|meist

zu|min|dest

zu|mu|ten, du mutest zu

zu|nächst

zün|deln, du zündelst

zün|den, du zündest

zün|dend ❻

zünf|tig

die **Zun|ge**, die Zun|gen ❼

zup|fen, du zupfst

zur

sich **zu|recht|fin|den**,
du findest dich zurecht,
er fand sich zurecht

zu|rück

zu|rück|ge|ben,
du gibst zurück,
sie gab zurück

zu|rück|hal|tend

zu|rück|kom|men,
du kommst zurück,
er kam zurück

zu|rück|zah|len,
du zahlst zurück

zur|zeit

zu|sam|men

zu|sam|men|ar|bei|ten,
ihr arbeitet zusammen

zu|sam|men|fas|sen,
du fasst zusammen

zu|sam|men|ge|setzt

der **Zu|sam|men|hang**,
die Zu|sam|men|hän|ge

zu|sätz|lich

der **Zu|schau|er**,
die Zu|schau|er

die **Zu|schaue|rin**,
die Zu|schaue|rin|nen

zu|se|hen, du siehst zu,
sie sah zu
der Zu|stand, die Zu|stän|de
zu|stän|dig
zu|stim|men, du stimmst zu
die Zu|tat, die Zu|ta|ten
sich zu|trau|en, du traust dir zu
zu|trau|lich
zu|ver|läs|sig
zu|wi|der
der Zwang, die Zwän|ge
er zwang ◁ zwingen
sich zwän|gen, du zwängst dich
zwangs|läu|fig
zwan|zig ❻
zwar
der Zweck, die Zwe|cke
zweck|los
zwei
zwei|ei|ig
der Zwei|fel, die Zwei|fel
zwei|fel|haft
zwei|fel|los ❸
zwei|feln, du zweifelst

der Zweig, die Zwei|ge
zwei|mal
der Zwerg, die Zwer|ge
die Zwetsch|ge – Zwet|sche,
die Zwetsch|gen –
Zwet|schen
zwi|cken, du zwickst
der Zwie|back,
die Zwie|ba|cke –
Zwie|bä|cke ❷
die Zwie|bel, die Zwie|beln ❼
der Zwil|ling, die Zwil|lin|ge
zwin|gen, du zwingst,
er zwang
der Zwin|ger, die Zwin|ger
zwin|kern, du zwinkerst
zwi|schen
zwi|schen|durch
zwit|schern, er zwitschert
zwölf
zwölf|mal
der Zy|lin|der,
die Zy|lin|der ❽
Zy|pern

A B C D E F G H I J K L M N O P Q R S T U V W X Y Z

Tipps zum richtigen Schreiben

Tipp **1** **Wobei mir deutliches Sprechen und genaues Hinhören helfen können**

Seite 206

Tipp **2** **Wie ich Silben nutzen kann**

Seite 208

Tipp **3** **Wie ich Wortbausteine nutzen kann**

Seite 212

Tipp **4** **Wobei mir Wortfamilien helfen**

Seite 214

Tipp **5** **Wie ich entscheide, ob ich einen Doppelkonsonanten schreibe**

Seite 216

1 Wobei mir deutliches Sprechen und genaues Hinhören helfen können 👄👂

Bei vielen Wörtern hilft mir genaues Hinhören und deutliches Sprechen.

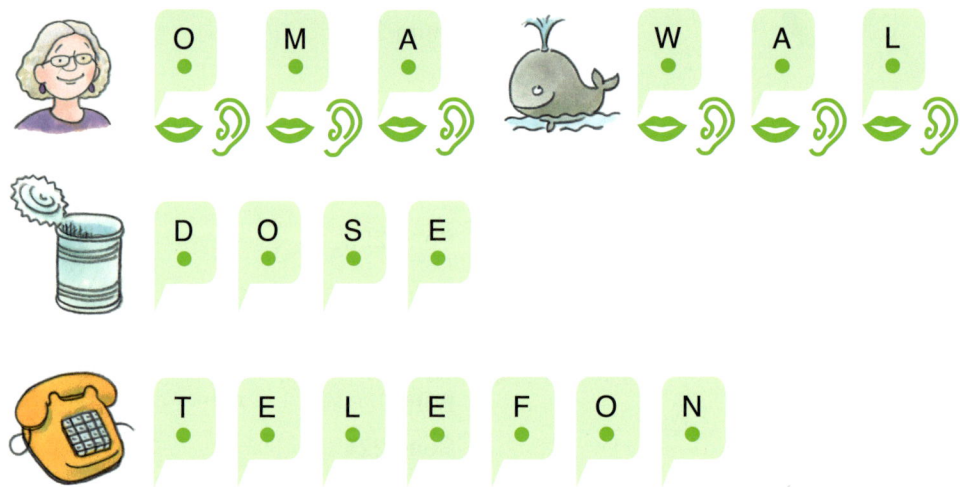

O M A

W A L

D O S E

T E L E F O N

Es gibt Wörter, in denen ein Laut sich aus mehreren Buchstaben zusammensetzt.

M AU S

T O PF

B EI N

F I SCH

Probiere den Tipp **1** selbst aus.

1. Male für jeden Laut, den du bei deutlichem Sprechen hörst, einen Punkt. Mache es so:

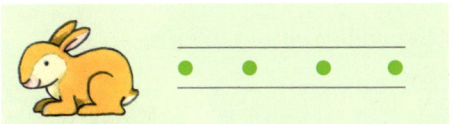

2. Zerlege die Wörter in ihre einzelnen Laute. Schreibe es so auf:

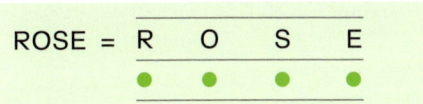   Tomate • Zopf • Banane • Tisch • Blume • Dach • Flasche • Baum

3. Wie viele Laute hörst du? Male für jeden Laut einen Punkt und schreibe die Buchstaben darüber.

4. Suche fünf Wörter im Findefix, die mit **1** gekennzeichnet sind. Schreibe die Wörter auf. Sprich sie einem anderen Kind deutlich vor. Wie viele Laute hört das Kind?

2 Wie ich Silben nutzen kann

Ba na ne

Ich kann Silben klatschen, mit den Armen schwingen, gehen, schnipsen, …

In jeder Silbe steckt ein Vokal. Das ist immer so.

Ba · na · ne · Frosch

sie · ben · Gur · ke

Silben, die mit einem Vokal enden:

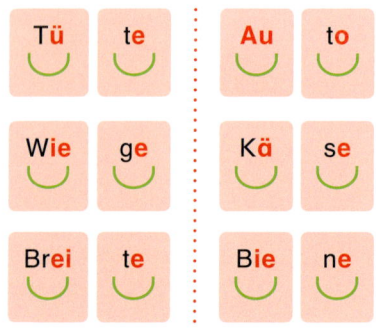

Tü	te	Au	to
Wie	ge	Kä	se
Brei	te	Bie	ne

offene Silben

Silben, die mit einem Konsonanten enden:

ras	seln	Frosch
käm	men	Gar	ten
Kof	fer	Zug

geschlossene Silben

Probiere den Tipp **2** selbst aus.

1. Silben kannst du klatschen, mit den Armen schwingen, gehen, mit den Fingern zählen, schnipsen, …
Probiere mit den folgenden Wörtern, was bei dir am besten klappt:

Fledermaus • Palme • Fisch • Indianer • Ritter • Gabelstapler

2. • Suche dir zehn lange Wörter aus dem Findefix aus.
• Schreibe sie auf Wortkarten.
• Sprich die Wörter in Silben und zeichne dabei Silbenbögen darunter.
• Zerschneide die Wörter in Silben und markiere dann die Vokale.
• Ordne die Silben in offene und geschlossene Silben.

3. Suche dir eine Partnerin oder einen Partner. Mischt die Wortteile aus Aufgabe 2. Fertig ist das Silbenpuzzle.

4. Welche Vokale fehlen? Schreibe die Wörter vollständig auf.

das T▮l▮f▮n   der S▮pp▮nt▮ll▮r   der K▮f▮r

die Pr▮nz▮ss▮n   der F▮ßb▮ll   der Sch▮k▮k▮ch▮n

die S▮ß▮gk▮t▮n   der H▮f▮sch   das P▮s▮nbr▮t

5. Ordne die Wortbilder jeweils dem passenden Wort zu.

1. ●● ●● ●●● ●● ●●   2. ●● ●●● ●● ●● ●●

3. ●●●● ●● ●●●   4. ●●● ●●● ●●●

a. Fernseher • b. Kinokarte • c. Puppenhaus • d. Osterhase

6. Erfinde eigene Wortbild-Rätsel.

7. Schreibe die Silben auf Kärtchen. Setze sie dann zu Wörtern zusammen.
Markiere die Doppelkonsonanten farbig.

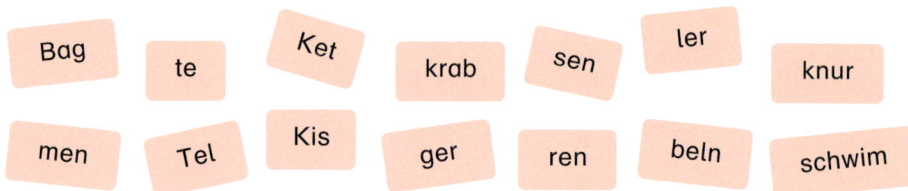

Bag   te   Ket   krab   sen   ler   knur

men   Tel   Kis   ger   ren   beln   schwim

8. Welcher Doppelkonsonant fehlt? Schreibe die Wörter auf und zeichne die
Silbenbögen ein.

ll • bb • ss • mm • dd • rr • tt • ff • tt • ss • mm • nn

die Mi____e	der So____er	der Ka____ee	be____en
das Ho____y	zi____ern	die Kla____er	die Gita____e
gewi____en	die Flo____e	kü____en	pa____eln

9. Schreibe die Silben auf Kärtchen. Setze dann zu Wörtern zusammen.
Markiere das **tz** farbig.

ze   put   zen   Kat   ze   Sprit   blit   zen

Auch
tz gehört
zu den Doppel-
konsonanten.

10. Schreibe die Silben auf Kärtchen. Setze dann zu Wörtern zusammen.
Markiere das **ck** farbig.

Rö   cke   So   cke   lo   cker   pa   cken

Auch **ck**
gehört zu den
Doppelkonsonanten.
Es bleibt aber immer
zusammen.

11. Sprich die Wörter in Silben. Schreibe sie auf, zeichne die Silbenbögen ein und markiere das **ie**.

12. Sprich die Wörter in Silben. Entscheide, ob i oder ie fehlt. Wenn du unsicher bist, schau auf Seite 208 nach.

Schreibe die Wörter auf und zeichne Silbenbögen darunter.

die K ▇ nder	fl ▇ gen	der R ▇ gel	die Sp ▇ tze
l ▇ gen	die P ▇ zza	die ▇ nsekten	n ▇ der
h ▇ nter	die M ▇ te	z ▇ hen	z ▇ ttern

13. Schreibe die Wörter nach Wortfamilien geordnet auf. Zeichne Silbenbögen ein und markiere das **ie**.

lieb • das Sieb • umziehen • die Liebe •

gesiebt • beziehen • er liebt • erziehen •

liebevoll • sie siebt • die Siebe • die Ziehung

14. Sammle im Findefix viele Wörter, die mit **2** gekennzeichnet sind. Zerlege die Wörter in Silben und überlege, warum dir die Silben beim richtigen Schreiben helfen.

15. Suche im Findefix und in eigenen Texten weitere Wörter, bei denen der Tipp **2** hilft.

❸ Wie ich Wortbausteine nutzen kann ⌐ ⌐ ⌐ ⌐

Aus Wortbausteinen kann ich Wörter bauen.

|Glück|

|glück|lich

Un|glück|

un|glück|lich

un|glück|lich|er

ver|un|glück|en

Jedes Wort hat einen Wortstamm ⌐⌐

Es gibt auch Wörter mit zwei Wortstämmen ⌐⌐ ⌐⌐

Einige Wörter haben eine Vorsilbe ⌐•

Es gibt auch Wörter mit mehreren Vorsilben ⌐•⌐•

Einige Wörter haben eine Endsilbe •⌐

Manche Wörter haben mehrere Endsilben •⌐ •⌐

Der Wortstamm verändert sich meistens nicht.

|find|en	|fall|en	Ge|schenk|
er|find|en	um|fall|en	ver|schenk|en
Er|find|ung	ver|fall|en	|Schenk|ung
|Find|ling	Un|fall|	ein|schenk|en
|find|ig	|Fall|tür	aus|schenk|en

Es gibt Wörter mit zwei Wortstämmen.

|Haus||tür|	|Uhr||zeit|
|Arm||band|	|Kopf||tuch|
|Ball||kleid|	|Tisch||bein|
|Spiel||platz|	|Blei||stift|

Das sind zusammengesetzte Wörter. Sie haben zwei Wortstämme.

Probiere den Tipp **3** selbst aus.

1. Ordne die Wortbausteine. Schreibe die Wörter auf. Markiere bei jedem Wort Wortstamm, Vorsilbe und Endsilbe.

2. Schreibe die Wörter auf. Markiere bei jedem Wort den Wortstamm.

vorkommen • giftig • trocken • Änderung • nützlich • Heizung •

umfallen • vergessen • Vorsorge • ablenken

3. Finde Wörter mit dem Wortstamm |**kauf**|. Schreibe die Wörter auf.
Vergleiche deine Wörter mit den Wörtern eines anderen Kindes.

4. Ordne die Wörter den Wortbausteinen zu.

Schreibe so auf: |**kauf**|en

versuchen • jung • Einbildung • riechen • unglaublich • vorstellen •

Halstuch • lustig • unerträglich • ausdenken • verlaufen • Schreibtisch

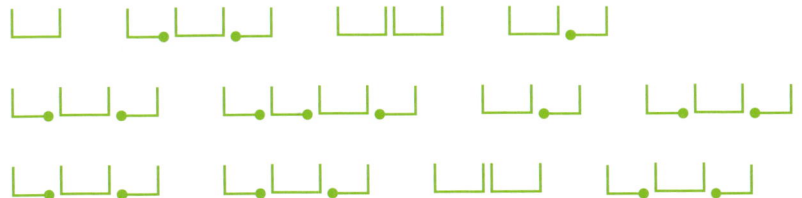

4 Wobei mir Wortfamilien helfen

Wörter einer Wortfamilie haben den gleichen Wortstamm.

spiel en   mit spiel en   ein spiel en

Spiel erin   Spiel platz

Bei Wortfamilien mit h bleibt das h immer im Wortstamm.

auf steh en   steh en   ver steh en

Steh platz   Steh lampe

In manchen Wortfamilien verändert sich der Wortstamm.

Schreibe ich ...

... die H**e**nde oder die H**ä**nde?

... die H**eu**ser oder die H**äu**ser?

... **ä**lter oder **e**lter?

... k**e**lter oder k**ä**lter?

... du f**ä**ngst oder du f**e**ngst?

Wenn ich nicht weiß, ob eu oder äu, suche ich einen Verwandten:

z.B. das H**au**s → die H**äu**ser

Wenn ich nicht weiß, ob e oder ä, suche ich einen Verwandten:

z.B. **a**lt → **ä**lter
f**a**ngen → du f**ä**ngst

Probiere den Tipp ④ selbst aus.

1. Hier sind die Familien durcheinander geraten. Welche Wörter gehören zu
einer Wortfamilie? Schreibe die Wörter nach Wortfamilien auf und markiere
den Wortstamm.

Mache es so: **kauf** : ver|kauf|en, |kauf|en, …

Fahrrad	bauen	fahren	Bauarbeiter
mitarbeiten	Fähre	gebaut	arbeitslos
Fahrgestell	Fahrt	Verarbeitung	Gebäude
Baugerüst	Vorarbeiter	gefahren	erbaut
Arbeitswoche	Baustelle	ausfahren	Heimarbeit

2. Bilde mit den Wortbausteinen Wörter der Wortfamilie **lauf** .
Schreibe die Wortfamilie auf.

Schreibe es so auf: |lauf•en|

3. Überlege, wie die Wörter geschrieben werden. Suche dazu die passenden
Verwandten.

Schreibe so: der B**a**ll → die B**ä**lle

die L■nder	die M■se	die W■nde	die Z■hne	die L■se
die H■hne	w■rmer	■rmer	k■lter	st■rker
du l■fst	l■nger	du tr■gst	n■her	du f■hrst

4. Wer passt nicht in die Wortfamilie? Schreibe nur die neun Wörter auf,
die zu der Wortfamilie gehören.

käuflich • kauen • kaufen • verkaufen • Käuferin • Kaufhaus •

Verkäufer • gebaut • Einkauf • gekauft • Ausverkauf • verlaufen

215

5 Wie ich entscheide, ob ich einen
Doppelkonsonanten schreibe

die

Su_pe
oder
Su**pp**e?

Spreche ich
den Vokal lang —
oder kurz ● ?

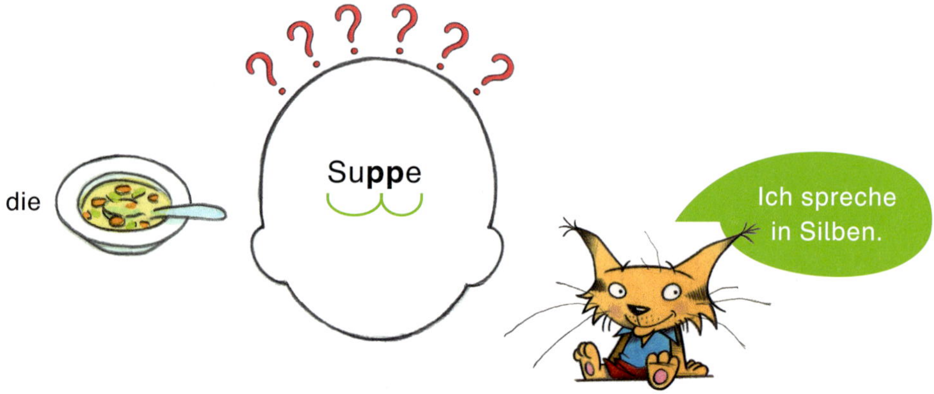

die

Su**pp**e

Ich spreche
in Silben.

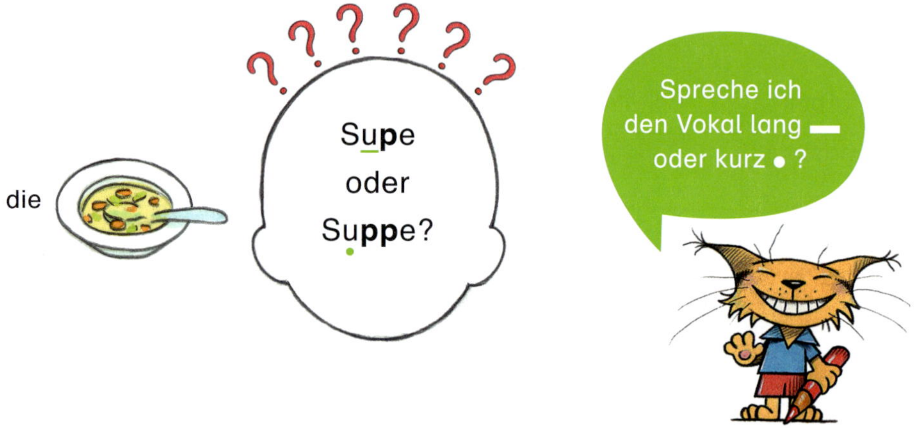

Probiere den Tipp **5** selbst aus.

1. Ordne die Wörter in einer Tabelle nach lang und kurz gesprochenen Vokalen.
Setze die fehlenden Konsonanten ein. Zeichne Silbenbögen unter jedes Wort.

der A▬e   die Sä▬e   die Ta▬e   die Blu▬e

die Fe▬er   die Do▬e   der Pu▬i   die Li▬en

2. Setze diese Konsonanten richtig ein. Schreibe
die Wörter auf und markiere die Konsonanten.

nn • t • ss • l • rr • m • n • ll • s • tt • r • mm

der Wo▬f   die Wo▬e

die Ka▬e   die Ka▬te

das Zi▬er   der Zi▬t

pla▬   plä▬schern

die Ka▬te   die Ka▬e

der Ku▬   die Kü▬te

Nach
einem kurzen Vokal
stehen mindestens zwei
Konsonanten – entweder
zwei gleiche oder zwei
verschiedene.

3. Entscheide, welche Buchstaben fehlen. Nutze ▬ , ● und in Silben sprechen.
Schreibe die Wörter richtig auf.

s oder ss: fa ▬ en	t oder tt: re ▬ en	b oder bb: gra ▬ en
m oder mm: ja ▬ ern	f oder ff: schla ▬ en	r oder rr: ze ▬ en
d oder dd: pu ▬ ern	g oder gg: la ▬ ern	n oder nn: kö ▬ en

4. Schreibe zu jedem Wort mit Doppelkonsonant aus Aufgabe 3 fünf verwandte
Wörter. Markiere die Doppelkonsonanten farbig.

5. Verlängere die Wörter, sodass sie zweisilbig werden.

Schreibe so: nett ↪ net ter

der Kamm • straff • das Bett • fett • toll •

das Fass • komm • der Herr • voll • der Kuss

6. Richtig oder falsch? Nutze ▬ , ● und in Silben sprechen. Schreibe die Wörter
richtig auf.

summen	der Schlüsel	der Koffer
der Tedy	die Blumme	schälen
besser	immer	die Wane
lobben	sinngen	zottelig

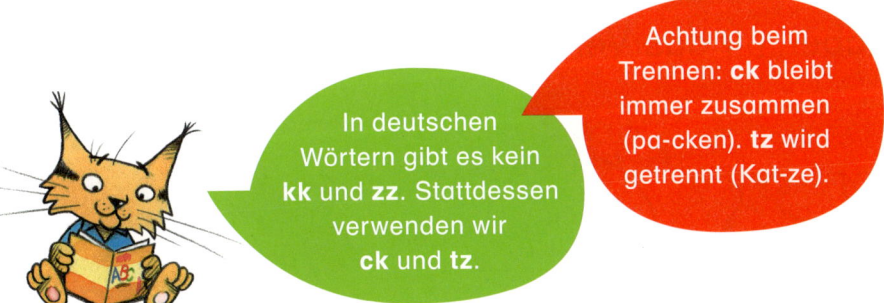

7. Setze **k** oder **ck** ein. Schreibe die Wörter auf. Markiere die Konsonanten.
Kontrolliere mit dem Findefix.

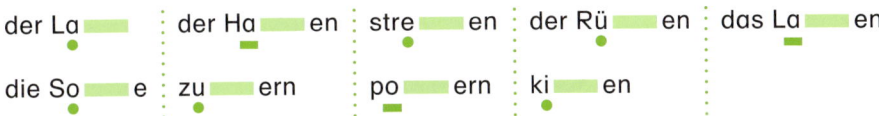

der La ▬   der Ha ▬ en   stre ▬ en   der Rü ▬ en   das La ▬ en

die So ▬ e   zu ▬ ern   po ▬ ern   ki ▬ en

8. Setze die Silben zu Wörtern zusammen. Schreibe auf und markiere **tz** farbig.

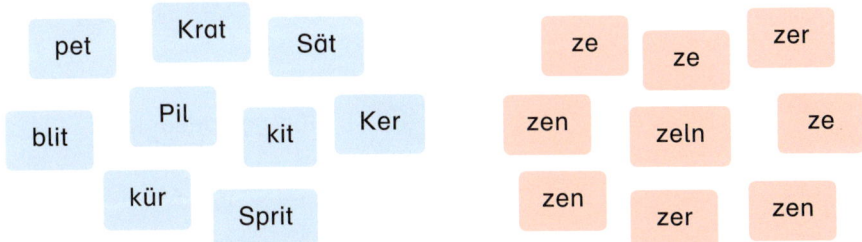

pet   Krat   Sät   ze   zer
                                        ze
blit   Pil   kit   Ker   zen   zeln   ze
     kür   zen
        Sprit   zer   zen

9. Schreibe alle Wörter aus den Aufgaben 7 und 8, die man trennen kann, mit
einem Trennungsstrich auf: der Ha-ken, …

10. Sammle im Findefix viele Wörter, die mit **5** gekennzeichnet sind.
Beweise mit Tipp **5** die Schreibung der Wörter.

11. Suche im Findefix und in eigenen Texten weitere Wörter, bei denen der
Tipp **5** hilft.

6 Wobei mir das Verlängern von Wörtern hilft

der

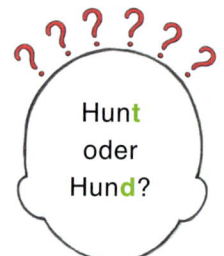

Hun**t**
oder
Hun**d**?

die

 der Hun ■ **t oder d?**  die Hun-**d**e, also: der Hun**d**

 das Hef ■ **t oder d?** die Hef-**t**e, also: das Hef**t**

 lan ■ **k oder g?** län-**g**er, also: lan**g**

 star ■ **k oder g?**  stär-**k**er, also: star**k**

 er hu ■ t **p oder b?**  wir hu-**p**en, also: er hu**p**t

 sie gru ■ **p oder b?**  wir gru-**b**en, also: sie gru**b**

Probiere den Tipp **6** selbst aus.

1. Überlege, welche Buchstaben fehlen. Beweise mit dem verlängerten Wort.
Schreibe so: die Hor-**t**e → der Hor**t**. Schlage die Wörter zur Kontrolle nach.

d oder **t**?	die Wu ▪	die Han ▪	run ▪	ro ▪
wil ▪	das Lan ▪	gu ▪	das Bil ▪	das Gol ▪

g oder **k**?	der We ▪	kran ▪	der Krie ▪	blan ▪
sie sie ▪ t	die Ban ▪	er betro ▪	der Zu ▪	er zan ▪ t

b oder **p**?	lie ▪	der Ty ▪	der Kor ▪	hal ▪
sie zir ▪ t	das Lo ▪	er we ▪ t	das Kal ▪	der Siru ▪

2. Zerlege diese Wörter zuerst. Schreibe so: die Kin-**d**er → die Kin**d**heit

das Wan ▪ regal   dasTrü ▪ sal   die Wer ▪ bank   der Stau ▪ sauger

3. Vervollständige die Sätze. Schreibe sie auf und nutze sie als Hilfe.

Bei Adjektiven hilft mir meist …

Bei Nomen hilft mir meist …

Bei Verben hilft mir meist …

… die erste Vergleichsstufe zu bilden.

… den Plural zu bilden.

… den Infinitiv zu bilden.

4. Sammle im Findefix zehn Wörter, die mit **6** gekennzeichnet sind.
Verlängere jedes Wort. Schreibe wie bei Aufgabe 1.

5. Suche auch in eigenen Texten Wörter, bei denen Tipp **6** hilft.

7 Wie ich herausfinde, ob ich ein Wort großschreibe A a

1 Das Wort am Satzanfang schreibe ich immer groß.

Im Herbst verlieren die Bäume ihre Blätter.
Der Junge spielt gut Tennis.
Heute kochen wir Nudeln.

2 Nomen schreibe ich immer groß.

Nomen sind …
… Namen für Menschen.   → z.B. **Max**, **Dirk**, **Anne**
… Namen für Tiere.   → z.B. der **Vogel**, der **Hund**, die **Ameise**
… Namen für Pflanzen.   → z.B. die **Blume**, der **Busch**, der **Fisch**
… Namen für Dinge.   → z.B. der **Tisch**, das **Auto**, das **Buch**
… Namen für Gedanken/Gefühle.   → z.B. der **Traum** und die **Freude**
… Namen für Ereignisse.   → z.B. der **Geburtstag**

Nomen erkenne ich daran, dass …
… ich einen **bestimmten Artikel oder unbestimmten Artikel** davorsetzen kann.
→ **die** Schule / **eine** Schule
… ich ein **Adjektiv** davorsetzen kann.
→ die **große** Schule

Wenn mindestens zwei dieser Erkennungsmerkmale auf ein Wort zutreffen, ist es ein Nomen.

Nomen sind …
… Wörter, die auf -heit, -keit, -ung, -nis, -schaft und -tum enden,
z.B. Dunkel**heit**, Freundlich**keit**, Erneuer**ung**, Wag**nis**,
Freund**schaft**, Reich**tum**.
… Wörter, die im Singular und im Plural gebraucht werden,
z.B. **die Blume** – **die Blumen**, **der Traum** – **die Träume**.

Probiere den Tipp **7** selbst aus.

1. Hier sind alle Wörter kleingeschrieben. Schreibe den Text richtig auf.
Kreise immer das Wort am Satzanfang ein und unterstreiche alle Nomen.

> das pferd war sehr wild. es galoppierte über die wiesen. leider stand das
> tor offen. so konnte das pferd hinauslaufen. das war eine große aufre-
> gung. alle großen kinder wollten das pferd wieder einfangen. geschafft
> haben es schließlich tina und jan. da war die freude groß.

2. Schreibe alle Nomen ab. Was hat dir geholfen, die Nomen zu finden?
Tausche dich mit einem anderen Kind aus.

> In der Nacht sind alle wilden Katzen unterwegs. Sie gehen auf große
> Mäusejagd. Aber die flinken Mäuse sind sehr geschickt. Sie verstecken
> sich in einer alten Mülltonne mit einem klitzekleinen Loch an der Seite.
> So sind die schlauen Mäuse gut geschützt und die hungrigen Katzen
> müssen weiterziehen.

3. Sammle Namen für Gedanken und Gefühle und schreibe sie auf.

4. Suche Wörter im Findefix mit der Nr. **7**. Erkläre einem anderen Kind,
warum die Wörter großgeschrieben werden.

5. Finde zu jedem Adjektiv möglichst viele Nomen.

Schreibe so auf: der <u>alte</u> Mann, das <u>alte</u> Sofa, die <u>alten</u> Schuhe, …

klein   groß   schön   wolkig   mutig   schlau   schrecklich   wütend

8 Welche Wörter ich mir merken muss **M**

Hier siehst du besondere **Merkstellen**:

Es gibt Wörter, die ich mir **merken** muss!

T**i**ger

lang gesprochen

i

Vogel

v

Klee

ee

W**aa**ge

aa

B**oo**t

oo

He**x**e

x

Fu**chs**

chs

Ke**ks**

ks

P**y**ramiden   **Y**oga

y

K**ä**fer

ä

ohne Verwandten mit a

Stu**h**l

stummes **h**

Stra**ß**e

ß

224

Probiere den Tipp **8** selbst aus. Das hilft dir beim Wörter merken:

1. Schreibe die Merkwörter bunt, **ganz groß**, klitzeklein, … auf ein Plakat.
Hänge das Plakat an einer Stelle auf, wo du es oft siehst.

2. Kennzeichne die Merkstelle immer besonders:

einkreisen: M(oo)s   unterstreichen: Lu<u>chs</u>

markieren: V̲ase   nachfahren: stoßen

3. Schreibe kurze Sätze oder Unsinnsätze mit deinen Merkwörtern.
Beispiel: Der Bär isst gern Käse.

4. Sortiere die Merkwörter nach dem ABC. Schreibe sie geordnet auf.

5. Schreibe die Wörter aus der Wortfamilie des Merkwortes auf.
Beispiel: fahren, das Fahrrad, er fährt, gefahren …

6. Schreibe mit den Merkwörtern zusammengesetzte Wörter,
z.B. Biberbau, Fußball, Höhleneingang, …

7. Suche dir eine Partnerin oder einen Partner. Diktiert euch die Merkwörter
gegenseitig und kontrolliert sie mit dem Findefix.

8. Suche im Findefix Wörter, die mit Nummer **8** gekennzeichnet sind,
oder Merkwörter aus deinen eigenen Texten. Wähle dazu aus den Übungen
1 bis 6 aus.

9. Richtig viel schreiben hilft. Welche Wörter möchtest du dir besonders
merken? Schreibe eine ganze Zeile oder eine ganze Seite deiner Merkwörter.

9 Wie ich Zweifel nutze **?!**

Gehe jedem noch so kleinen Zweifel nach.
Die Tipps können dir helfen.

Tipp

1 Wobei mir deutliches Sprechen und genaues Hinhören helfen können

2 Wie ich Silben nutzen kann

3 Wie ich Wortbausteine nutzen kann

4 Wobei mir Wortfamilien helfen

5 Wie ich entscheide, ob ich einen Doppelkonsonanten schreibe

6 Wobei mir das Verlängern von Wortern hilft

7 Wie ich herausfinde, ob ich ein Wort großschreibe

8 Welche Wörter ich mir merken muss **M**

9 Wie ich Zweifel nutze **?!**

10 Wie ich im Wörterbuch nachschlage

Probiere den Tipp **9** selbst aus.

1. Fehlersuche: Sind die Wörter richtig oder falsch geschrieben?
Erkläre einem anderen Kind mit dem passenden Tipp.

der Zettel	der Brif	das Glück
er hubt	koch	liefern
das Laub	die Krabbe	die Tatze
schwizen	hoffnung	der Rant

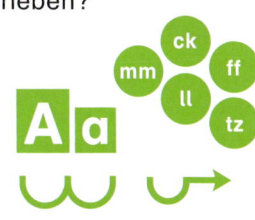

2. Überprüfe mit dem Findefix.

T-Shirt • Triumpf • Ypsilon

Moor • Wirus • tüpisch

Falls du ein Wort nicht gleich findest, informiere dich auf Seite 58/59.

3. Merke dir folgende vier Schritte
und wende sie bei deinen eigenen
Texten zur Überarbeitung an:

Auf den Seiten 234 – 246 findest du weitere Hilfen dazu.

Ich lese mir meinen Text ganz
langsam durch und spreche dazu.
Dann lese ich ihn von hinten nach
vorne durch.

Ich berichtige Fehler, die ich entdecke, sofort.
Wörter, bei denen ich noch zweifle, markiere ich farbig.

Satzanfänge schreibe ich groß. Ich überprüfe das.

Ich lese den Text ein letztes Mal durch und achte nur auf
die Großschreibung der Nomen.

Schreibideen-Säckchen

1. Überlege, welche Gegenstände dir auf einer Insel helfen können, Gefahren zu entgehen.

2. Suche dir mindestens fünf Gegenstände aus.

3. Schreibe die ausgewählten Gegenstände auf Wortkärtchen.

4. Lege die Kärtchen in eine Reihenfolge, die für deine Geschichte möglich sein kann. Probiere verschiedene Reihenfolgen.

Uhr — Lupe — Brille — Glocke — Tasche

5. Bastle ein Schreibideen-Säckchen und schreibe eine Geschichte dazu. Überlege dir selbst ein Thema oder wähle aus:

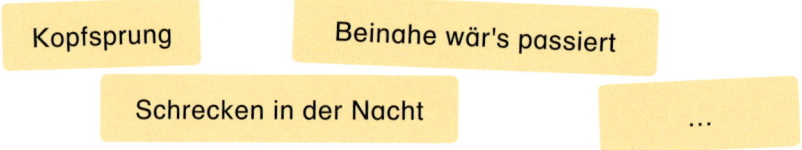

Kopfsprung   Beinahe wär's passiert

Schrecken in der Nacht   ...

Ideennetz

1. Lege ein leeres Blatt quer auf den Tisch.

2. Schreibe in die Mitte ein Wort und umkreise es, z.B.:

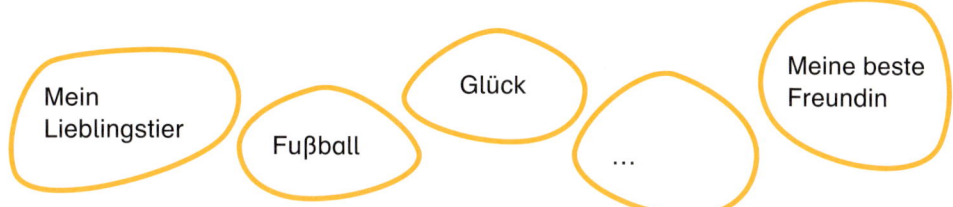

3. Schreibe um das umkreiste Wort herum alles, was dir dazu einfällt.
   Umkreise auch diese Notizen und verbinde sie mit der Mitte. So entsteht
   ein Ideennetz.

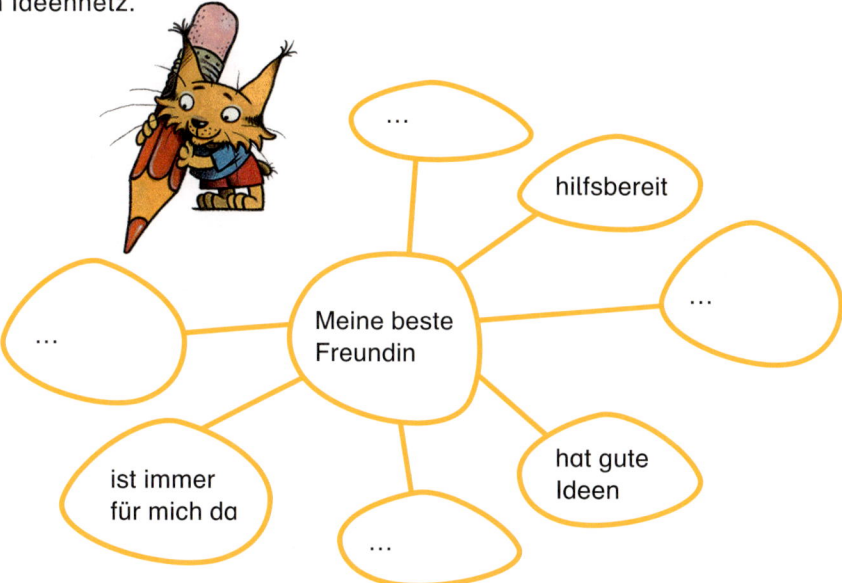

4. Schreibe weitere Ideennetze.

Kalendergeschichten

1. Welchen Monat magst du besonders gern? Schreibe auf.

2. Denke dir Wörter aus, die zu diesem Monat besonders gut passen, und schreibe sie auf.

3. Schreibe mit deinen Monatswörtern deine Monatsgeschichte.

4. Welchen Namen möchtest du deinem Monat geben? Denke dir ein zusammengesetztes Nomen mit dem Grundwort „Monat" aus. Benutze den Namen als Überschrift für deine Monatsgeschichte, z.B.:

Halloweenmonat   Ferienmonat   Schneemonat   …monat

5. Lies deine Monatsgeschichte einem anderen Kind vor. Lass es erraten, um welchen Monat es geht.

6. Sucht passende Bilder für eure Monatsgeschichten.

7. Gestaltet einen Geschichtenkalender für die Klasse, indem ihr Bilder und Geschichten auf Fotokarton anordnet.

Bilder erzählen Geschichten

1. Sammelt Fotos oder Bilder, die euch überraschen, die ihr toll findet, über die ihr euch wundert, …

2. Bildet einen Stuhlkreis, legt die gesammelten Bilder in die Mitte.

3. Alle suchen sich jeweils ein Bild aus, zu dem sie etwas schreiben möchten.

4. Zeigt euch die ausgewählten Bilder und überlegt, welche für einen Text zusammenpassen könnten.

5. Bildet Gruppen mit nicht mehr als vier Personen. Tauscht eure Ideen aus.

6. Überlegt euch eine mögliche Überschrift. Schreibt gemeinsam einen Text.

7. Prüft, ob eure Überschrift zu eurer Geschichte passt. Wenn nicht, denkt euch eine neue Überschrift aus.

Überschriften sollen zum Lesen verlocken.

W-Fragen

1. Der Ort, in dem du lebst, ist sicher eine Geschichte wert. Überlege dir spannende Überschriften für eine mögliche Geschichte.

| ... -Krimi | Mein Lieblingsplatz in ... | Aufregung am ... |

2. Schreibe möglichst viele Überschriften auf.

3. Tragt eure Überschriften in der Klasse / Gruppe vor.

4. Zu welcher Überschrift fällt dir am meisten ein?
   Es kann auch die Überschrift eines anderen Kindes sein.

5. Ordne deine Ideen zu einer Überschrift mithilfe der folgenden W-Fragen und mache dir Notizen.

> **W-Fragen**
>
> **Wer** erlebt / tut etwas?
>
> Mit **wem**?
>
> **Wo** genau?
>
> **Wann** passiert es?
>
> ... ?

6. Denke dir weitere Fragen aus.

7. Schreibe nun deinen Text. Beantworte dabei mindestens drei Fragen.

Texte schreiben

1. Bevor du mit dem Schreiben deines Textes beginnst,
nimm dir Zeit für deine Ideen.

Du kannst …

- ein Ideennetz anfertigen (Seite 229),
- W-Fragen beantworten (Seite 232),
- dir Überschriften ausdenken (Seite 232),
- Stichwörter notieren,
- mit einem anderen Kind Ideen austauschen,
- im Internet recherchieren,
- …

2. Gestalte deinen Schreibplatz so, dass du dich wohl fühlst.
Wähle einen Stift, mit dem du gut und gerne schreibst.

3. Du wirst später deinen Text überarbeiten. Das erleichterst du dir,
indem du entweder …

- nur jede 2. Zeile beschreibst oder
- das Blatt in der Mitte faltest und nur die eine Hälfte beschreibst.

Wenn du fertig
bist, lies deinen Text
halblaut für dich.

Texte unter die Lupe nehmen

Mit „Textlupen" könnt ihr in einer
Gruppe Texte überarbeiten.

- Ein Textentwurf wird von mehreren Kindern gelesen.

- Jedes kann seine Meinung zu dem Text äußern, indem es sie aufschreibt.

- Das Autorenkind erhält anschließend diese Rückmeldung.

- Das Autorenkind kann frei entscheiden, wie es seinen Text überarbeitet.

Gehe so vor:

1. Bildet Gruppen mit bis zu fünf Kindern.

2. Entscheidet, welcher Text unter die Lupe
   genommen werden soll. Dieser wird für jedes Gruppenmitglied kopiert.

3. Jedes Gruppenmitglied liest den Text genau.
   Dazu erhält jedes Kind ein Blatt mit drei Fragen.

Was hat mir gut gefallen?	Wo habe ich noch Fragen?	Was schlage ich vor?
z.B. …	z.B. …	z.B.: Benutze die Wortfeldsammlung auf Seite 238/239.

4. Das Autorenkind bekommt seinen Text zusammen mit
   den ausgefüllten Blättern.

5. Das Autorenkind entscheidet, ob es Vorschläge beim Überarbeiten
   annehmen möchte.

Schreibkonferenz

Ein Text ist selten auf Anhieb perfekt. Auch berühmte Autoren und Autorinnen überarbeiten ihre Texte mehrfach. Dabei ist eine Schreibkonferenz ein guter Weg.

- Das Autorenkind lädt zwei Kinder seiner Wahl als Schreibberater ein.
- Das Autorenkind liest seinen Text mindestens dreimal vor.
- Nach dem ersten Vorlesen wird gefragt, was nicht verstanden wurde.

Ist alles Wichtige enthalten?

Hat der Text einen guten Schluss?

Ist alles gut verständlich?

…?

Passt die Überschrift zum Text?

Ist die Geschichte spannend?

Macht der Anfang neugierig auf den Text?

- Das Autorenkind macht sich Zeichen im Text.
- Danach liest das Autorenkind seinen Text ein zweites Mal vor. Jetzt geht es darum, die Sprache zu untersuchen. So kann man das machen: Das Autorenkind liest abschnittsweise oder so lange, bis „Stopp" gesagt und ein Verbesserungsvorschlag gemacht wird.
- Die Schreibberater lesen den Text und geben Hinweise zur Rechtschreibung.

Gehe so vor:

1. Suche dir zwei Kinder deiner Wahl, mit denen du deinen Text in einer Schreibkonferenz überarbeiten möchtest.

2. Lies deinen Text vor. Bitte darum, genau darauf zu achten, ob alles verständlich ist. Die Fragen helfen dir dabei.

3. Mach dir Zeichen an Stellen deines Textes, die du später überarbeiten möchtest.

4. Lies deinen Text noch einmal vor. Jetzt geht es um die Sprache. Bitte um sprachliche Verbesserungsvorschläge (Checkliste S. 236/237).

5. Lass alle in deinen Text sehen und bitte um Hinweise zur Rechtschreibung.

Checklisten nutzen

Du kannst …
- allein
- mit einem Partnerkind
- in einer Schreibkonferenz

… überprüfen, ob dein Text gelungen ist. Dazu eignen sich Checklisten. Die folgenden Checklisten sind Anregungen.

Mini-Checkliste

1. Ist alles verständlich?
2. Ist die Reihenfolge sinnvoll?
3. Ist die Überschrift passend?
4. Steht am Anfang das, was die Leser wissen müssen?
5. Hat der Text einen gelungenen Schluss?
6. …

Checkliste für Sachtexte

1. Ist klar, worum es geht?
2. Werden die Vorgänge oder die Sache genau beschrieben?
3. Stimmt die Reihenfolge?
4. Werden Fachbegriffe gebraucht?
5. Ist alles Wichtige gesagt?
6. Ist Unnötiges weggelassen?
7. Ist der Text im Präsens geschrieben? (s. S. 242–245)
8. …

Checkliste für Erzählungen

1. Macht die Überschrift neugierig?
2. Wird deutlich, wo die Erzählung spielt?
3. Kann man sich gut vorstellen, was passiert?
4. Werden die Personen vorgestellt?
5. Gibt es eine besonders spannende Stelle in der Erzählung?
6. Wird alles erzählt?
7. Wird die wörtliche Rede verwendet?
8. Werden in den Begleitsätzen unterschiedliche Verben benutzt? (s. S. 238)
9. Ist die Erzählung im Präteritum geschrieben? (s. S. 242–245)

Checkliste für eine Personenbeschreibung

1. Werden Einzelheiten erwähnt, z.B. Haarfarbe und -länge, Frisur, Gesichtsform, Nase, Augen, Mund, Figur, Größe, Kleidung, besondere Merkmale?

2. Sind besondere Merkmale benannt, z.B. Narbe, Muttermal?

3. Ist die Reihenfolge sinnvoll, z.B. von oben nach unten?

4. Helfen die Adjektive, sich die Person gut vorzustellen? (s.S. 239)

5. Sind treffende Wörter verwendet?

6. Ist nur das beschrieben, was man sehen kann?

7. ...

Checkliste für die sprachliche Überarbeitung

1. Wird die richtige Zeitform verwendet? (s.S. 242–245)

2. Sind die Satzanfänge abwechslungsreich? (s.S. 238/239)

3. Werden Wortwiederholungen vermieden?

4. Sind die entscheidenden Wörter treffend verwendet?

5. Werden auch Pronomen anstelle von Nomen verwendet? (s.S. 278)

6. ...

Nach Wörtern suchen: Wortfelder

lachen

grinsen, jauchzen, lächeln, prusten, gackern, kichern, sich schieflachen, strahlen, wiehern, schmunzeln

machen

erledigen, basteln, handeln, unternehmen, veranstalten, entwerfen, reparieren, fertigstellen, arbeiten, herzeigen, tun, zubereiten, ausführen, bewältigen

Satzanfänge: Gründe

darum, deshalb, daher, aus diesem Grund, andererseits, trotzdem, aber, jedoch, doch, so, kaum, dass, weil, obwohl, wenn

Präpositionen: Beschreibungen

vor, unter, hinter, neben, über, an, geradeaus, links, rechts, über, von, durch, in, im, an, am

schön

fabelhaft, himmlisch, perfekt, fantastisch, hübsch, bildschön, entzückend, lieblich, klasse, prächtig, niedlich, reizend, toll, traumhaft, prima, wunderbar, makellos, wunderschön, wundervoll, herrlich, strahlend, vollkommen, bezaubernd

dunkel

düster, finster, stockdunkel, dämmrig, schummrig, pechschwarz, trübe, stockfinster, rabenschwarz, nachtschwarz

sagen

ankündigen, verkünden, antworten, fragen, ausrichten, berichten, behaupten, benachrichtigen, beschreiben, erzählen, beteuern, brüllen, schreien, brummeln, durchsagen, ansagen, einwenden, entgegnen, erklären, erwähnen, klagen, informieren, flüstern, flehen, meinen, mitteilen, murmeln, plappern, rufen, reden, plaudern, flüstern, schwätzen, stammeln, stottern, tuscheln, sprechen, vorschlagen, vortragen, wispern

gehen

laufen, rennen, schreiten, wandern, marschieren, schleichen, huschen, eilen, hopsen, bummeln, waten, springen, flitzen, sich fortbewegen, hasten, humpeln, sausen, schlurfen, spurten, joggen, stapfen, trippeln

böse

zornig, heimtückisch, bitterböse, abscheulich, schlimm, hinterhältig, übel, sauer, boshaft, ekelhaft, fies, wütend, verärgert, frech, ungut, garstig, gehässig, unfreundlich, gemein, niederträchtig, hinterlistig, unangenehm, tückisch

Adjektive: Personenbeschreibungen

oval, rund, eckig, kurz, lang, schmal, groß, klein, mittelgroß, dick, dünn, mager, pummelig, mollig, schlank, zierlich, hellbraun, dunkelbraun, schwarz, blond, rot, braun, grau

Geräusche

Klang, Lärm, Laut, Geraschel, Krach, das Kreischen, Ton, Getöse, Gebrumm, Knall, das Knistern, das Knacken, das Summen, Schall, Geschrei, Geknister

sehen

gucken, ansehen, bemerken, beobachten, betrachten, blinzeln, erblicken, entdecken, spähen, erkennen, mustern, schauen, starren, besichtigen, wahrnehmen

Satzanfänge: Zeit

plötzlich, auf einmal, unerwartet, in diesem Augenblick, zuerst, nun, dann, danach, zunächst, als Nächstes, bevor, immer wieder, später, jetzt, während, einmal, schließlich, zuletzt, im Anschluss, damals, neulich, gleichzeitig, inzwischen, endlich, später, schließlich, im Laufe der Zeit, manchmal, oft, immer wieder, vor langer Zeit, vor kurzem

Die richtige Zeitform gebrauchen

... er bittete um einen Filzer.

Langsam sinkte das Schiff.

Ich glaube, sie hat gelügt.

Hast du deinen Schal gefinden?

... sie ist heute lang geschwimmen.

Manche Vergangenheitsformen sind schwierig zu bilden.

1. Übertrage die Denkblasen. Verwende die richtigen Vergangenheitsformen.

Tipp Du findest die richtigen Vergangenheitsformen in der Tabelle auf S. 242 – 245.

2. Schreibe die Infinitivformen der Verben in den Denkblasen heraus und bilde die richtige Präsensform in der 2. Person Singular.

Schreibe so: gewinnen → du gewinnst (s. S. 242 – 245).

3. Übertrage die Infinitive unten und bilde die richtigen Präsensformen in der 2. Person Singular. Markiere, was sich verändert hat.

Schreibe so: messen → du misst.

graben • helfen • essen • fahren • geben

mögen • tragen • sehen • können • dürfen

Ayse … (schreiben) einen langen
Brief an ihre Mutter und … (bringen)
ihn sofort zum Briefkasten.

Der Schiedsrichter …
(pfeifen) einen Strafstoß,
weil er ein Foul … (sehen).

Die Angeklagte … (schweigen)
zu allen Fragen, die der Richter
… (vorlesen).

Du … (fahren) mit dem
Fahrrad zur Schule,
obwohl es in Strömen
… (gießen).

Wir … (mögen) es auf der
Klassenreise am liebsten,
wenn es Spaghetti … (geben).

1. Übertrage die Textstellen, ersetze die Infinitivformen durch die richtigen
   Präteritumformen (s. S. 242 – 245).

2. Schreibe die Infinitivformen der Verben heraus und bilde die richtigen Perfekt-
   formen. Wähle unterschiedliche Personalformen (ich, du, er sie es, wir, ihr, sie).

   Schreibe so: finden → wir haben gefunden

Infinitiv (Grundform)	Präsens (Gegenwart)	Präteritum (1. Vergangenheit)	Perfekt (2. Vergangenheit)
B			
befehlen	du befiehlst	sie befahl	er hat befohlen
beginnen	du beginnst	sie begann	er hat begonnen
beißen	du beißt	sie biss	er hat gebissen
biegen	du biegst	sie bog	er hat gebogen
bieten	du bietest	sie bot	er hat geboten
bitten	du bittest	sie bat	er hat gebeten
blasen	du bläst	sie blies	er hat geblasen
bleiben	du bleibst	sie blieb	er ist geblieben
braten	du brätst	sie briet	er hat gebraten
brechen	du brichst	sie brach	er hat gebrochen
brennen	es brennt	es brannte	es hat gebrannt
bringen	du bringst	sie brachte	er hat gebracht
D			
denken	du denkst	sie dachte	er hat gedacht
dürfen	du darfst	sie durfte	er hat gedurft
E			
empfangen	du empfängst	sie empfing	er hat empfangen
empfehlen	du empfiehlst	sie empfahl	er hat empfohlen
empfinden	du empfindest	sie empfand	er hat empfunden
erschrecken	du erschrickst / du erschreckst ihn	sie erschrak / sie erschreckte ihn	er ist erschrocken / er erschreckte ihn
essen	du isst	sie aß	er hat gegessen
F			
fahren	du fährst	sie fuhr	er ist gefahren
fallen	du fällst	sie fiel	er ist gefallen
fangen	du fängst	sie fing	er hat gefangen
finden	du findest	sie fand	er hat gefunden
fliegen	du fliegst	sie flog	er ist geflogen
fliehen	du fliehst	sie floh	er ist geflohen
fließen	du fließt	sie floss	er ist geflossen
fressen	du frisst	sie fraß	er hat gefressen
frieren	du frierst	sie fror	er hat gefroren

Infinitiv (Grundform)	Präsens (Gegenwart)	Präteritum (1. Vergangenheit)	Perfekt (2. Vergangenheit)
G			
geben	du gibst	sie gab	er hat gegeben
gehen	du gehst	sie ging	er ist gegangen
gelingen	es gelingt	es gelang	es ist gelungen
gelten	es gilt	es galt	es hat gegolten
geschehen	es geschieht	es geschah	es ist geschehen
gewinnen	du gewinnst	sie gewann	er hat gewonnen
gießen	du gießt	sie goss	er hat gegossen
graben	du gräbst	sie grub	er hat gegraben
greifen	du greifst	sie griff	er hat gegriffen
H			
haben	du hast	sie hatte	er hat gehabt
halten	du hältst	sie hielt	er hat gehalten
hängen	du hängst	sie hing / sie hängte	er hat gehangen
heben	du hebst	sie hob	er hat gehoben
heißen	du heißt	sie hieß	er hat geheißen
helfen	du hilfst	sie half	er hat geholfen
K			
kennen	du kennst	sie kannte	er hat gekannt
kommen	du kommst	sie kam	er ist gekommen
können	du kannst	sie konnte	er hat gekonnt
kriechen	du kriechst	sie kroch	er ist gekrochen
L			
lassen	du lässt	sie ließ	er hat gelassen
laufen	du läufst	sie lief	er ist gelaufen
leiden	du leidest	sie litt	er hat gelitten
leihen	du leihst	sie lieh	er hat geliehen
lesen	du liest	sie las	er hat gelesen
liegen	du liegst	sie lag	er hat gelegen
lügen	du lügst	sie log	er hat gelogen
M			
messen	du misst	sie maß	er hat gemessen
mögen	du magst	sie mochte	er hat gemocht

Infinitiv (Grundform)	Präsens (Gegenwart)	Präteritum (1. Vergangenheit)	Perfekt (2. Vergangenheit)
müssen	du musst	sie musste	er hat gemusst
N			
nehmen	du nimmst	sie nahm	er hat genommen
nennen	du nennst	sie nannte	er hat genannt
P			
pfeifen	du pfeifst	sie pfiff	er hat gepfiffen
R			
raten	du rätst	sie riet	er hat geraten
reißen	du reißt	sie riss	er hat gerissen
reiten	du reitest	sie ritt	er hat geritten
rennen	du rennst	sie rannte	er ist gerannt
riechen	du riechst	sie roch	er hat gerochen
rufen	du rufst	sie rief	er hat gerufen
S			
scheinen	du scheinst	sie schien	er hat geschienen
schieben	du schiebst	sie schob	er hat geschoben
schießen	du schießt	sie schoss	er hat geschossen
schlafen	du schläfst	sie schlief	er hat geschlafen
schlagen	du schlägst	sie schlug	er hat geschlagen
schleichen	du schleichst	sie schlich	er ist geschlichen
schließen	du schließt	sie schloss	er hat geschlossen
schmelzen	du schmilzt	sie schmolz	er hat geschmolzen
schneiden	du schneidest	sie schnitt	er hat geschnitten
schreiben	du schreibst	sie schrieb	er hat geschrieben
schreien	du schreist	sie schrie	er hat geschrien
schweigen	du schweigst	sie schwieg	er hat geschwiegen
schwimmen	du schwimmst	sie schwamm	er ist geschwommen
schwören	du schwörst	sie schwor	er hat geschworen
sehen	du siehst	sie sah	er hat gesehen
sein	du bist	sie war	er ist gewesen
senden	du sendest	sie sandte / sie sendete	er hat gesandt / er hat gesendet
singen	du singst	sie sang	er hat gesungen

Infinitiv (Grundform)	Präsens (Gegenwart)	Präteritum (1. Vergangenheit)	Perfekt (2. Vergangenheit)
sinken	du sinkst	sie sank	er ist gesunken
sitzen	du sitzt	sie saß	er hat gesessen
sprechen	du sprichst	sie sprach	er hat gesprochen
springen	du springst	sie sprang	er ist gesprungen
stechen	du stichst	sie stach	er hat gestochen
stehen	du stehst	sie stand	er hat gestanden
stehlen	du stiehlst	sie stahl	er hat gestohlen
steigen	du steigst	sie stieg	er ist gestiegen
stoßen	du stößt	sie stieß	er hat gestoßen
streiten	du streitest	sie stritt	er hat gestritten
			T
tragen	du trägst	sie trug	er hat getragen
treffen	du triffst	sie traf	er hat getroffen
treiben	du treibst	sie trieb	er hat getrieben
treten	du trittst	sie trat	er hat getreten
trinken	du trinkst	sie trank	er hat getrunken
tun	du tust	sie tat	er hat getan
			V
vergessen	du vergisst	sie vergaß	er hat vergessen
vergleichen	du vergleichst	sie verglich	er hat verglichen
verlieren	du verlierst	sie verlor	er hat verloren
verschwinden	du verschwindest	sie verschwand	er ist verschwunden
vorlesen	du liest vor	sie las vor	er hat vorgelesen
			W
wachsen	du wächst	sie wuchs	er ist gewachsen
waschen	du wäschst	sie wusch	er hat gewaschen
weichen	du weichst	sie wich	er ist gewichen
wenden	du wendest	sie wandte / sie wendete	er hat gewandt / er hat gewendet
werden	du wirst	sie wurde	er ist geworden
werfen	du wirfst	sie warf	er hat geworfen
			Z
ziehen	du ziehst	sie zog	er hat gezogen

Ausrufe machen eine Erzählung lebendig

„ … ", rief die Oma, als der Ball zum dritten Mal auf ihren Balkon flog.

Die Lehrerin hat die Angewohnheit, bei richtigen Antworten „ … " zu sagen.

Nachdem der Fahrradschlauch ein Loch hatte, sie den Bus verpasste und feststellen musste, dass sie den Schlüssel vergessen hatte, stöhnte sie: „ … "

„ … ", sagte mein Freund, als ich ihm von dem tollen Spielergebnis erzählte.

„ … ", entfuhr es ihm, als er sich in den Finger stach.

1. Vervollständige die Sätze mit passenden Ausrufen und schreibe sie auf.

2. Denke dir weitere Ausrufe aus und schreibe sie in Sprechblasen.

3. Suche dir einen Lernpartner. Ein Kind sagt einen Ausruf, das andere beschreibt in einem Satz, wann, wo und von wem der Ausruf gemacht wird.

4. Sammelt in der Klasse alle Ausrufe, die ihr gefunden habt. Schreibt sie auf ein Plakat. Verwendet sie beim Überarbeiten von Erzählungen.

Ein „Klassen-Buch"

1. Sammelt besonders gelungeneTexte, die in eurer Klasse geschrieben werden. Überlegt, ob ihr Texte z.B. zu einem Thema (Monatsgeschichten, s.S. 230) oder die Texte aller Kinder in das „Klassen-Buch" aufnehmen wollt.

2. Überlegt, wer euer „Klassen-Buch" lesen wird. Es ist gut geeignet als Geschenk, z.B. für eine Lehrerin oder ein Kind, die die Schule verlassen.

3. Entscheidet, welche Größe die Blätter eures Buches haben sollen.

4. Legt eine Reihenfolge der Texte fest und schreibt ein Inhaltsverzeichnis.

5. Gebt eurem Buch einen Titel und entwerft einen passenden Buchdeckel.

6. Gestaltet das „Klassen-Buch". Ihr könnt Fotos, Zeichnungen, Postkarten, Kopien auch von anderen Texten, Collagen und vieles andere verwenden.

7. Achtet auf gute Lesbarkeit. Kontrolliert die Rechtschreibung, benutzt dazu den Findefix.

8. Fügt die einzelnen Blätter zu einem Buch zusammen, z.B. mit einer Spiralbindung, …

9. Wenn ihr euer „Klassen-Buch" kopiert, könnt ihr es

   • als Erinnerung an die Grundschulzeit für euch behalten.
   • Eltern zu Weihnachten schenken.
   • …

Autorenstunde

Eigene Geschichten gut vorzutragen ist nicht einfach. Um eine schöne Atmosphäre herzustellen, solltet ihr einige Vorbereitungen treffen.

1. Bittet eure Lehrerin oder euren Lehrer eine Unterrichtsstunde für das Vortragen eurer Geschichten zur Verfügung zu stellen.

2. Stellt Tische und Stühle so, dass alle gut zuhören können.

3. Stellt einen Stuhl für das Autorenkind bereit und richtet ihn schön her.

4. Überlegt, ob ihr einen Blumenstrauß oder eine Kerze für diese besondere Gelegenheit in euren Klassenraum stellen wollt.

5. Das Autorenkind entscheidet, ob es Musik einsetzen möchte.

6. Bereitet euch gut auf das Vortragen vor.

   Dazu einige Tipps:

Tipp **A** Lies deine Geschichte mehrmals für dich durch.

Tipp **B** Markiere in deiner Geschichte, was du besonders betonen willst.

Tipp **D** ...

Tipp **C** Füge Pausenzeichen in deinen Text ein, z.B. nach der Überschrift oder vor einer besonders wichtigen oder spannenden Stelle.

7. Ihr könnt vor dem Vortrag verabreden, ob ihr als Zuhörer auf eine Sache besonders achten wollt: Lesetempo, Pausen, deutliche Aussprache, Betonung, ...

8. Denkt daran, dem Autorenkind für seinen Vortrag Applaus zu geben.

9. In einer Autorenstunde können bis zu drei Autorenkinder vortragen.

10. Ihr könnt eure Vorträge in anderen Klassen oder vor Eltern oder anderen Gästen wiederholen.

Geschichten-Tisch

Auf Geschichten-Tischen werden Geschichten der Kinder einer Klasse vorgestellt. Alle können wählen, wie sie ihre Geschichte zeigen.

Dazu einige Tipps:

Tipp
Lass die Überschrift deiner Geschichte weg. Lege leere Papierstreifen dazu und bitte deine Leser eine Überschrift zu finden.

Tipp
Bring einen Gegenstand mit, der in deiner Geschichte besonders wichtig ist, und verstecke ihn in einem Beutel. Lass deine Leser fühlen, was der Gegenstand mit deiner Geschichte zu tun hat.

Tipp
Male zu deiner Geschichte ein Bild. Bitte deine Leser zu sagen, was von der Geschichte auf deinem Bild zu sehen ist.

Tipp
Bereite den „roten Faden" deiner Geschichte vor. Befestige an einem Faden ungeordnet Kärtchen mit den wichtigen Stellen der Handlung. Bitte deine Leser, die Kärtchen in die richtige Reihenfolge zu bringen.

Tipp
Schreibe wichtige Wörter aus deiner Geschichte auf Kärtchen. Schummle ein Wort darunter, das nicht hineingehört. Lass deine Leser herausfinden, welches.

1. Stellt eure Tische so um, dass ihr gut an ihnen vorbeigehen könnt.

2. Beim ersten Durchgang stellt die eine Hälfte der Klasse ihre Geschichten aus, beim zweiten Durchgang die andere.

3. Die Autorenkinder stehen an ihren Tischen.

4. Die anderen Kinder besuchen nacheinander die Geschichten-Tische, lesen die Geschichten und lösen die Leseaufgaben.

Bildwörterbuch Fremdsprachen
Deutsch · Englisch · Französisch · Türkisch

Wie du Wörter im Bildwörterbuch findest

Deutsche Wörter sind immer **schwarz** geschrieben.

Englische Wörter sind immer **grün** geschrieben.

Französische Wörter sind immer **blau** geschrieben.

Türkische Wörter sind immer **rot** geschrieben.

Beispiele:

der Fuchs
fox
le renard
tilki

die Schokolade
chocolate
le chocolat
çikolata

das Kleid
dress
la robe
elbise

Tipp

Du suchst das englische Wort für „Fuchs", „Schokolade" oder „Kleid".

Schaue zuerst im Inhaltsverzeichnis und überlege, wo das Wort stehen könnte.

Schlage nach und überprüfe deine Vermutung.

Wenn du die richtige Seite im Bildwörterbuch gefunden hast, kannst du zuerst nach dem deutschen Wort und dann nach seiner Übersetzung suchen.

In der Schule · At school · A l'école · Okulda

die Lehrerin
teacher
la maîtresse
öğretmen

der Schüler
pupil
l'élève
öğrenci

die Tafel
board
le tableau
yazı tahtası

der Tisch
table
la table
masa

der Stuhl
chair
la chaise
sandalye

der Computer
computer
l'ordinateur
bilgisayar

der Füller
pen
le stylo
dolma kalem

das Buch
book
le livre
kitap

das Heft
exercise book
le cahier
defter

der Pinsel
paint brush
le pinceau
fırça

der Klebstoff
glue
la colle
zamk

der Spitzer
sharpener
le taille-crayon
kalemtıraş

der Bleistift
pencil
le crayon
kurşunkalem

das Lineal
ruler
la règle
cetvel

die Schere
scissors
les ciseaux
makas

**der Radier-
gummi**
rubber
la gomme
silgi

**das Feder-
mäppchen**
pencil case
la trousse
kalem kutusu

**die Schul-
tasche**
school bag
le cartable
okul çantası

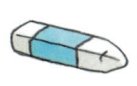

die Kreide
chalk
la craie
tebeşir

der Malkasten
paintbox
la boîte de
couleurs
boya kutusu

Zu Hause · At home · A la maison · Evde

die Mutter
mother
la mère
anne

der Vater
father
le père
baba

der Bruder
brother
le frère
erkek kardeş

die Schwester
sister
la soeur
kız kardeş

der Großvater
grandfather
le grand-père
dede

die Großmutter
grandmother
la grand-mère
nine; anneanne

der Onkel
uncle
l'oncle
dayı

die Tante
aunt
la tante
teyze

das Haus
house
la maison
ev

das Fenster
window
la fenêtre
pencere

die Tür
door
la porte
kapı

die Lampe
lamp
la lampe
lamba

der Spiegel
mirror
le miroir
ayna

der Schrank
cupboard
le placard
dolap

das Bett
bed
le lit
yatak

das Schlafzimmer
bedroom
la chambre à coucher
yatak odası

die Küche
kitchen
la cuisine
mutfak

das Badezimmer
bathroom
la salle de bains
banyo odası

das Wohnzimmer
living room
le salon
oturma odası

der Fernseher
TV
la télé
televizyon

Tiere · Animals · Les animaux · Hayvanlar

die Katze
cat
le chat
kedi

der Hund
dog
le chien
köpek

der Hamster
hamster
l'hamster
dağfaresi

das Kaninchen
rabbit
le lapin
adatavşanı

die Maus
mouse
la souris
fare

die Schildkröte
tortoise
la tortue
kaplumbağa

der Fisch
fish
le poisson
balık

die Spinne
spider
l'araignée
örümcek

das Pferd
horse
le cheval
at

das Schaf
sheep
le mouton
koyun

die Kuh
cow
la vache
inek

das Schwein
pig
le cochon
domuz

der Vogel
bird
l'oiseau
kuş

die Ente
duck
le canard
ördek

das Huhn
chicken
la poule
tavuk

der Fuchs
fox
le renard
tilki

der Löwe
lion
le lion
aslan

der Tiger
tiger
le tigre
kaplan

der Bär
bear
l'ours
ayı

der Eisbär
polar bear
l'ours blanc
beyaz ayı

das Krokodil
crocodile
le crocodile
timsah

der Seehund
seal
le phoque
fok

der Pinguin
penguin
le pingouin
penguen

der Delfin
dolphin
le dauphin
yunusbalığı

der Affe
monkey
le singe
maymun

die Giraffe
giraffe
la girafe
zürafa

das Känguru
kangaroo
le kangourou
kanguru

das Kamel
camel
le chameau
deve

der Elefant
elephant
l'éléphant
fil

der Luchs
lynx
le lynx
vaşak

die Schlange
snake
le serpent
yılan

der Dinosaurier
dinosaur
le dinosaure
dinozor

Mein Körper · My body · Mon corps · Benim vücudum

der Kopf
head
la tête
kafa

die Schulter
shoulder
l'épaule
omuz

der Arm
arm
le bras
kol

der Bauch
stomach
le ventre
karın

die Hand
hand
la main
el

das Knie
knee
le genou
diz

der Zeh
toe
l'orteil
ayak parmağı

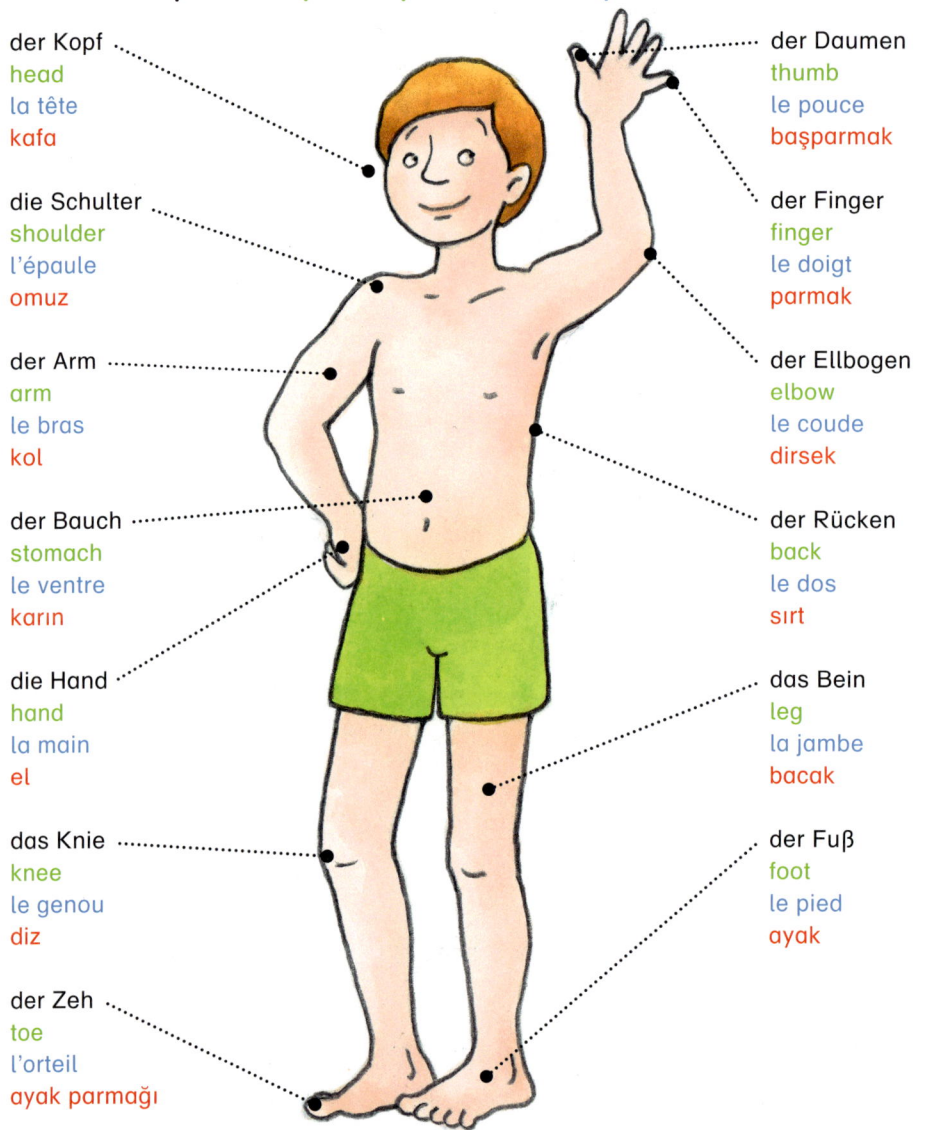

der Daumen
thumb
le pouce
başparmak

der Finger
finger
le doigt
parmak

der Ellbogen
elbow
le coude
dirsek

der Rücken
back
le dos
sırt

das Bein
leg
la jambe
bacak

der Fuβ
foot
le pied
ayak

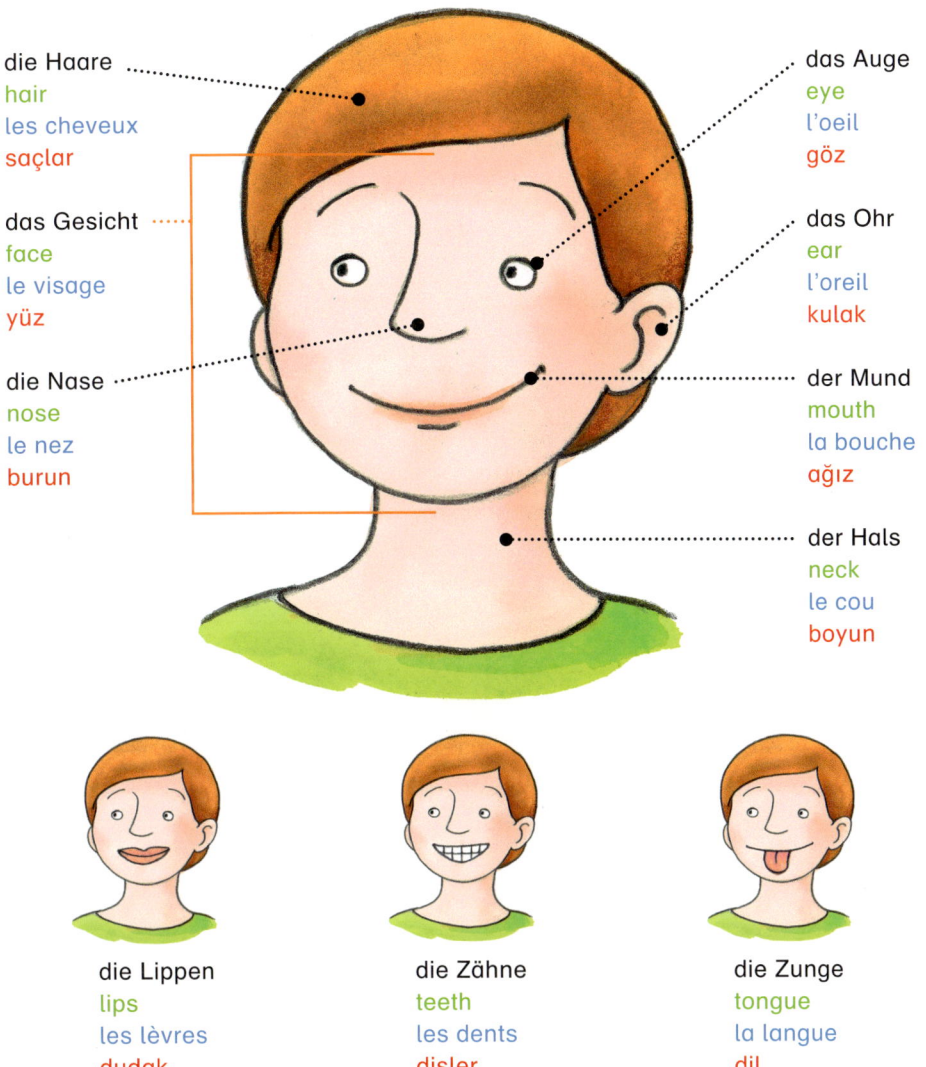

die Haare
hair
les cheveux
saçlar

das Gesicht
face
le visage
yüz

die Nase
nose
le nez
burun

das Auge
eye
l'oeil
göz

das Ohr
ear
l'oreil
kulak

der Mund
mouth
la bouche
ağız

der Hals
neck
le cou
boyun

die Lippen
lips
les lèvres
dudak

die Zähne
teeth
les dents
dişler

die Zunge
tongue
la langue
dil

Kleidung · Clothes · Les vêtements · Giyim

die Hose
trousers
le pantalon
pantolon

das Sweatshirt
sweatshirt
le sweat-shirt
kazak

die Schuhe
shoes
les chaussures
ayakkapı

die Jacke
jacket
la veste
ceket

die Kappe
cap
la casquette
başlık

das T-Shirt
T-shirt
le T-shirt
tişört

das Kleid
dress
la robe
elbise

die Jeans
jeans
le jeans
blucin

der Mantel
coat
le manteau
palto

der Pullover
pullover
le pullover
kazak

der Schal
scarf
l'écharpe
şal

der Rock
skirt
la jupe
etek

die Socken
socks
les chaussettes
çorap

die Handschuhe
gloves
les gants
eldiven

die Shorts
shorts
le short
şort

der Schlafanzug
pyjamas
le pyjama
pijama

die Stiefel
boots
les bottes
çizme

der Bikini
bikini
le bikini
bikini

der Badeanzug
swimsuit
le maillot de bain
mayo

die Badehose
swimming trunks
le maillot de bain
mayo

Farben · Colours · Les couleurs · Renkler

rot	blau	grün	gelb	weiß
red	blue	green	yellow	white
rouge	bleu	vert	jaune	blanc
kırmızı	mavi	yeşil	sarı	beyaz

schwarz	lila	braun	pink	grau
black	purple	brown	pink	grey
noir	violet	marron	rose	gris
siyah	mor	kahverengi	pembe	gri

orange	ocker	türkis	beige	bunt
orange	ochre	turquoise	beige	coloured
orange	ocre	turquoise	beige	multicolore
turuncu	okra	turkuaz	bej	karışık renkli

hellblau	dunkelblau	gepunktet	gestreift	kariert
light blue	dark blue	spotted	striped	checked
bleu clair	bleu foncé	pointé	rayé	quadrillé
açık mavi	lâcivert	noktalı	çizgili	kareli

Lebensmittel · Food · Les aliments · Yiyecekler

die Banane
banana
la banane
muz

der Apfel
apple
la pomme
elma

die Apfelsine
orange
l'orange
portakal

die Erdbeere
strawberry
la fraise
çilek

die Birne
pear
la poire
armut

die Ananas
pineapple
l'ananas
ananas

das Obst
fruit
les fruits
meyve

die Möhre
carrot
la carotte
havuç

die Tomate
tomato
le tomate
domates

die Kartoffel
potato
la pomme de terre
patates

die Gurke
cucumber
le concombre
salatalık

das Gemüse
vegetables
les légumes
sebze

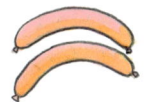

die Würstchen
sausages
les saucisses
sosis

der Käse
cheese
le fromage
peynir

das Ei
egg
l'oeuf
yumurta

das Brot
bread
le pain
ekmek

die Milch
milk
le lait
süt

der Obstsaft
fruit juice
le jus de fruit
meyve suyu

der Joghurt
yoghurt
le yaourt
yoğurt

die Schokolade
chocolate
le chocolat
çikolata

Zahlen · Numbers · Les nombres · Sayılar

0
null
zero
zero
sıfır

1
eins
one
un
bir

2
zwei
two
deux
iki

3
drei
three
trois
üç

4
vier
four
quatre
dört

5
fünf
five
cinq
beş

6
sechs
six
six
altı

7
sieben
seven
sept
yedi

8
acht
eight
huit
sekiz

9
neun
nine
neuf
dokuz

10
zehn
ten
dix
on

11
elf
eleven
onze
on bir

12
zwölf
twelve
douze
on iki

13
dreizehn
thirteen
treize
on üç

14
vierzehn
fourteen
quatorze
on dört

20
zwanzig
twenty
vingt
yirmi

21
einundzwanzig
twenty-one
vingt et un
yirmi bir

100
hundert
hundred
cent
yüz

1000
tausend
thousand
mille
bin

1000000
eine Million
million
millions
bir milyon

Jahreszeiten · Seasons · Les saisons · Mevsimler

der Winter
winter
l'hiver
kış

der Frühling
spring
le printemps
ilkbahar

Februar
February
février
şubat

März
March
mars
mart

Januar
January
janvier
ocak

April
April
avril
nisan

Dezember
December
décembre
aralık

Mai
May
mai
mayıs

November
November
novembre
kasım

Juni
June
juin
haziran

Oktober
October
octobre
ekim

Juli
July
juillet
temmuz

September
September
septembre
eylül

August
August
août
ağustos

der Herbst
autumn
l'automne
sonbahar

der Sommer
summer
l'été
yaz

Wochentage · Days of the week · Les jours de la semaine · Haftanın günleri

1 Montag
Monday
lundi
pazartesi

2 Dienstag
Tuesday
mardi
salı

3 Mittwoch
Wednesday
mercredi
çarşamba

4 Donnerstag
Thursday
jeudi
perşembe

5 Freitag
Friday
vendredi
cuma

6 Samstag
Saturday
samedi
cumartesi

7 Sonntag
Sunday
dimanche
pazar

266

Zeit · Time · L'heure · Zaman

der Morgen
morning
le matin
sabah

der Mittag
noon
le midi
öğlen

der Nachmittag
afternoon
l'après-midi
öğleden sonra

der Abend
evening
le soir
akşam

die Nacht
night
la nuit
gece

ein Uhr
one o'clock
une heure
saat bir

viertel nach zwei
a quarter past two
deux heures et quart
ikiyi çeyrek geçiyor

halb drei
half past two
deux heures et demie
iki buçuk

viertel vor fünf
a quarter to five
cinq heures moins le quart
beşe çeyrek var

viertel nach sechs
a quarter past six
six heures et quart
altıyı çeyrek geçiyor

halb neun
half past eight
huit heures et demie
sekiz buçuk

neun Uhr
nine o'clock
neuf heures
saat dokuz

viertel vor zwölf
a quarter to twelve
midi / minuit moins le quart
onikiye çeyrek var

zwölf Uhr
twelve o'clock
midi / minuit
saat oniki

Interessen · Interests · Les intérêts · Ilgi alanı

Fußball spielen
playing football
jouer au football
futbol

Spielen
playing games
jouer
oynamak

Lesen
reading
lire
okumak

Tanzen
dancing
danser
dans etmek

Schwimmen
swimming
nager
yüzmek

Radfahren
riding a bike
faire du vélo
bisiklete binmek

Reiten
riding a horse
faire du cheval
ata binmek

Eislaufen
skating
faire du patin à glace
paten yapmak

Kochen
cooking
cuisiner
pişirmek

Malen
painting
peindre
boyamak

Freunde treffen
meeting friends
rencontrer des amis
arkadaşlarlan
buluşmak

Shoppen
shopping
faire les magasins
alışveriş

Computerspiele
playing computer
games
jouer des jeux
vidéo
bilgisayar oyunları

Fernsehen
watching TV
regarder la
télévision
televizyon
izlemek

Musik hören
listening to music
écouter à la
musique
müzik dinlemek

Gitarre spielen
playing guitar
jouer de la
guitare
gitar çalmak

Auf der Straße · In the street · Dans la rue · Sokakta

die Straße
street
la rue
sokak

das Auto
car
la voiture
araba

das Fahrrad
bike
le vélo
bisiklet

der Zug
train
le train
tren

die Kirche
church
l'église
kilise

der Bus
bus
l'autobus
otobüs

das Kino
cinema
le cinéma
sinema

der Bahnhof
station
la gare
istasyon

das Motorrad
motorbike
le motocycle
motosiklet

das Taxi
taxi
le taxi
taksi

der Krankenwagen
ambulance
l'ambulance
ambülans

der LKW
lorry
le camion
kamyon

die Ampel
traffic lights
le feu
trafik lâmbası

die Bushaltestelle
bus stop
l'arrêt d'autobus
otobüs durağı

der Spielplatz
playground
le terrain de jeux
oyun parkı

die Bank
bench
le banc
bank

Wortart Verb

1. Was tun die Menschen und Tiere? Schreibe die Sätze mit passenden Verben auf. Markiere die Verben farbig.

Der kleine Hund ▬▬▬ laut.

Morgens ▬▬▬ die Kinder in die Schule.

Draußen ▬▬▬ es.

Wir ▬▬▬ heute meinen Geburtstag.

Der Vogel ▬▬▬ über den Garten meiner Großeltern.

Die Frau ▬▬▬ im See.

Alle ▬▬▬ das verlorene Geld.

> Verben beschreiben, was getan wird oder passiert.

2. Lege dir diese Tabelle an. Schreibe in jede Spalte weitere Verben im Infinitiv. Tausche dich mit einem anderen Kind aus und ergänze.

-en	-ern	-eln
schwimmen	wandern	paddeln
spielen	...	...
turnen		
...		

Für die erste Spalte wirst du die meisten Verben finden.

> Verben enden im Infinitiv mit -en, -ern oder -eln.

3. Schreibe alle Personalformen des Verbs [malen] auf. Markiere die
Pronomen und die Endbausteine farbig.

[malen]

ich male		**es** malt	
du malst		**wir** malen	
er malt		**ihr** malt	
sie malt		**sie** malen	

4. [kaufen] Bilde zu diesem Verb die Personalformen.

Schreibe auf und markiere.

> Verben werden in verschiedenen Personalformen gebraucht.

5. Schreibe die Sätze in der passenden Zeitform auf.

suche • werde suchen • suchte

Gestern _____ ich nach meinem Teddybär.

Heute _____ ich meine Armbanduhr.

Morgen _____ ich wohl meinen Kopf _____ .

wird fahren • fuhr • fährt

Gestern _____ meine Mama mich zur Schule.

Heute _____ mein Papa mich.

Morgen _____ wieder meine Mama _____ .

> Hier ändert
> sich der Wortstamm
> des Verbs. Weitere
> unregelmäßige Verben
> findest du ab
> S. 242.

> Verben werden in verschiedenen Zeitformen gebraucht.

Wortart Nomen

1. Welche Namen gibt es für Menschen, Tiere, Pflanzen, …?
Lege dir diese Tabelle an. Schreibe in jede Spalte weitere Nomen.

Menschen	Tiere	Pflanzen
die Frau	der Elefant	die Tulpe
der Koch	das Schwein	das Gras
der Freund	die Fliege	der Salat
…	…	…

Dinge	Gefühle / Gedanken	Ereignisse
das Telefon	die Liebe	der Autounfall
der Stift	der Neid	die Feier
die Schachtel	die Idee	der Spaziergang
…	…	…

> Nomen sind Namen für Menschen, Tiere, Pflanzen, Dinge, Gefühle / Gedanken, Ereignisse, …

2. Vergleiche die Bedeutung der beiden Sätze:

- Ich habe **die** Lehrerin auf dem Gang getroffen.
- Ich habe **eine** Lehrerin auf dem Gang getroffen.

Ordne die Aussagen dem passenden Satz zu und besprich dich mit einem anderen Kind:

Es war meine Lehrerin auf dem Gang.

Es war irgendeine Lehrerin auf dem Gang.

bestimmte Artikel	unbestimmte Artikel
der die das	**ein eine**

3. Schreibe zu jedem der folgenden Nomen zwei Sätze:

Heft • Hund • Mama • Blume • Fußball

- einmal mit dem bestimmten Artikel, um es genau zu sagen,
- einmal mit dem unbestimmten Artikel, um es allgemeiner zu sagen.

Jedes Nomen hat einen bestimmten und einen unbestimmten Artikel.

ein Vogel   eine Gurke   ein Heft

Diese Wörter stehen im Singular.

viele Vögel   viele Gurken   viele Hefte

Diese Wörter stehen im Plural.

4. Falte ein Blatt in der Mitte. Schreibe auf die linke Seite 15 Nomen, die dir einfallen. Schreibe auf die rechte Seite jeweils den Plural dazu. Kontrolliere mit dem Findefix.

Nomen werden im Singular und Plural gebraucht.

5. Bilde mit den Wörtern **Lehrer**, **Katze** und **Heft** jeweils vier Sätze wie es im Beispiel mit dem Wort Hund gemacht wurde.

1. Fall Wer oder was?	Nominativ	**Der Hund** bellt. 
2. Fall Wessen?	Genitiv	Der Knochen **des Hundes** ist weg.
3. Fall Wem?	Dativ	Der gelbe Ball gehört **dem Hund**.
4. Fall Wen oder was?	Akkusativ	Mia ruft **den Hund**.

Nomen werden in den vier Fällen gebraucht.

Wortart Adjektiv

1. Wie sind die Menschen, Tiere und Dinge? Schreibe mit passenden Adjektiven auf. Markiere die Adjektive farbig.

der ▬▬▬ Clown

die ▬▬▬ Blume

die ▬▬▬ Schüler

die ▬▬▬ Katze

der ▬▬▬ Stuhl

Mit Adjektiven kann man Eigenschaften benennen.

2. Überlege dir passende Adjektive, um die Bilder einer Reihe zu vergleichen. Suche die Adjektive im Findefix und schreibe sie in eine Tabelle.

lang	länger	am längsten

Grundform	1. Vergleichsstufe	2. Vergleichsstufe
lang	länger	am längsten

3. Ergänze die Tabelle mit weiteren Adjektiven und deren Vergleichsformen. Markiere die Gemeinsamkeiten in der 1. und in der 2. Vergleichsstufe farbig und tausche dich mit einem anderen Kind aus.

Manchmal ändert sich der Wortstamm, z.B. alt – älter.

Mit Adjektiven kann man vergleichen.

Wortart Pronomen

1. Setze in die Lücken die passenden Pronomen ein. Schreibe auf.

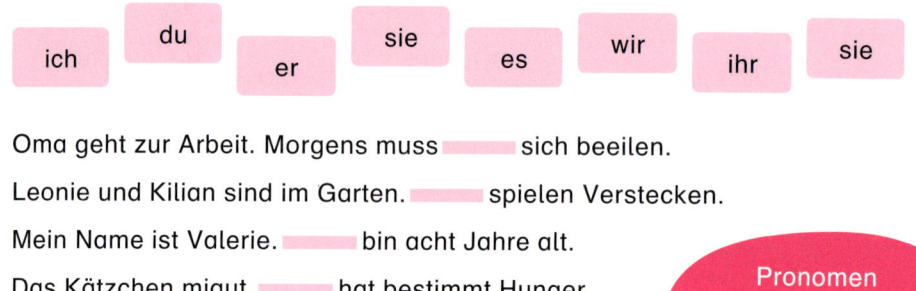

Oma geht zur Arbeit. Morgens muss ⬚ sich beeilen.

Leonie und Kilian sind im Garten. ⬚ spielen Verstecken.

Mein Name ist Valerie. ⬚ bin acht Jahre alt.

Das Kätzchen miaut. ⬚ hat bestimmt Hunger.

> Pronomen brauchst du zum Texte überarbeiten. Siehe Seite 237.

Pronomen können Nomen ersetzen.

2. Schreibe zu den Pronomen **du**, **er** und **wir** jeweils vier Sätze wie es im Beispiel mit dem Wort ich gemacht wurde.

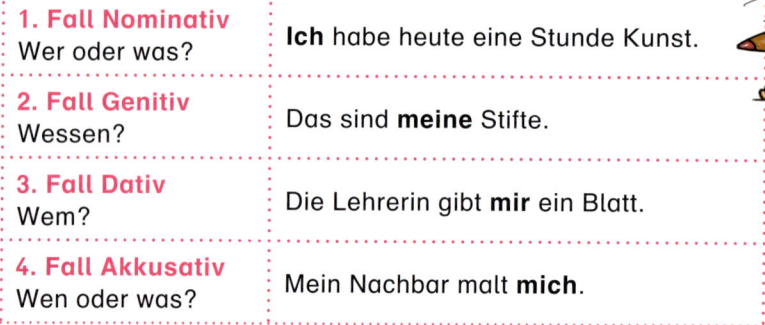

1. Fall Nominativ Wer oder was?	**Ich** habe heute eine Stunde Kunst.
2. Fall Genitiv Wessen?	Das sind **meine** Stifte.
3. Fall Dativ Wem?	Die Lehrerin gibt **mir** ein Blatt.
4. Fall Akkusativ Wen oder was?	Mein Nachbar malt **mich**.

Pronomen werden in den vier Fällen gebraucht.

Zusammengesetzte Wörter

der <u>Suppen</u> teller   der <u>Kuchen</u> teller   der <u>Obst</u> teller

Bestimmungswort Grundwort

Zusammen-gesetzte Wörter helfen mir, etwas genauer zu be-schreiben.

Das Bestimmungswort beschreibt das Nomen genauer. Das Grundwort entscheidet über den Artikel des zusammengesetzten Wortes.

1. Schreibe folgende zusammengesetzte Nomen mit Artikel auf.

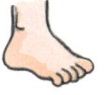

Manchmal verändert sich das Bestimmungswort am Ende.

2. Setze zu neuen Nomen zusammen. Schreibe mit Artikel auf und markiere das Grundwort farbig.

turnen +    kühl +    lesen +    bunt +

Zusammengesetzte Nomen können auch aus Verb + Nomen oder Adjektiv + Nomen bestehen.

Satzarten

Wann hast du heute Schulschluss

Toll, wie hell unser Klassenzimmer ist

Ich gehe gern zur Schule

Es werden drei Satzarten mit unterschiedlichen Zeichen am Ende des Satzes unterschieden: Aussagesatz **.**   Fragesatz **?**   Ausrufesatz **!**

1. Lies die Sätze oben. Überlege, welche Satzzeichen an das Ende der Sätze gehören. Schreibe die Sätze mit Satzzeichen auf.

2. Lies die folgenden Sätze halblaut.

Warum findest du das Buch spannend

Bring mir bitte meine CD zurück

Verliere den Schlüssel nicht

Ich esse lieber Gummibärchen

Endlich sind Ferien

Das hätte ich nicht gedacht

Kennst du schon meinen neuen Lieblingsfilm

Wann ist der nächste Ausflug

3. Tausche dich mit einem anderen Kind Satz für Satz aus. Versuche, die Sätze so zu lesen, dass man die Satzart heraushören kann.

4. Schreibe alle Sätze auf. Setze das passende Satzzeichen am Ende.

5. Denke dir zu jeder Satzart zwei Beispielsätze aus. Du kannst sie auch in deinen Texten suchen.

6. Lies den Text halblaut und mache eine Pause, wenn du das Ende eines Satzes vermutest. Überlege, welches Zeichen am Ende des Satzes stehen muss.

> MEHMET UND LUISE HABEN BEIM AUSFLUG
> EIN LEERES NEST IM WALD GEFUNDEN SIE
> UNTERSUCHEN ES NÄHER WELCHER
> VOGEL HAT WOHL DARIN GEBRÜTET WAS
> IST MIT DEN JUNGEN GESCHEHEN SIE
> ZEIGEN DAS NEST IHRER LEHRERIN SIE
> SCHLÄGT VOR DEN FÖRSTER ZU FRAGEN
> DAS IST WIRKLICH EINE GUTE IDEE

7. Tausche dich mit einem anderen Kind Satz für Satz aus. Versuche, die Sätze so zu lesen, dass man die Satzart heraushören kann.

8. Schreibe den Text in richtiger Schreibweise mit Satzzeichen auf. Markiere die Satzzeichen am Satzende und die Großschreibung am Satzanfang farbig.

Wörtliche Rede

> Die Reporterin fragt:
>
> „Wie viele Schülerinnen und Schüler besuchen diese Schule?"

Die wörtliche Rede steht häufig zusammen mit einem Begleitsatz.

_____ : „ ~~~~~~~~~~~~~ ?"

Begleitsatz   wörtliche Rede

Mein Hamster muss zum Tierarzt.

Wann hat die Tierärztin Sprechstunde?

Hoffentlich hat er nichts Schlimmes!

1. Ergänze die wörtliche Rede in den Sprechblasen mit passenden Begleitsätzen. Verwende als Muster:

_____ : „ ~~~~~~~~~~~~~ ."
_____ : „ ~~~~~~~~~~~~~ !"
_____ : „ ~~~~~~~~~~~~~ ?"

Schreibe die Sätze auf, setze die richtigen Satzzeichen und markiere sie farbig.

2. Ergänze jeden Begleitsatz mit einer passenden wörtlichen Rede. Verwende die Muster wie in Aufgabe 1. Setze die richtigen Satzzeichen und markiere sie farbig.

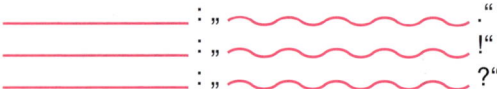

Die Verkäuferin fragt • Opa erzählt • Die Sportlehrerin erklärt

3. Denke dir je einen Satz nach den Mustern in Aufgabe 1 aus und schreibe sie mit richtiger Zeichensetzung auf. Markiere alle Satzzeichen farbig.

„Mein Lieblingsplatz ist das Hochbett", verrät Sonja.

Manchmal steht der Begleitsatz nach der wörtlichen Rede.

„ ~~~~~~~~ " _____ .

   wörtliche Rede   Begleitsatz

Bei vielen Kindern sind Höhlen beliebt.

Am schönsten sind geheime Lieblingsplätze.

4. Ergänze die wörtliche Rede in den Sprech-
blasen mit passenden Begleitsätzen. Verwende
das Muster „ ~~~~~~~ ", _____ .

Alle Kinder haben Lieblingsplätze.

Schreibe auf, setze die richtigen Satzzeichen
und markiere sie farbig. Achte auf das Komma
zwischen wörtlicher Rede und Begleitsatz.

5. Denke dir einen Satz nach diesem Muster aus und schreibe ihn mit
richtiger Zeichensetzung auf. Markiere alle Satzzeichen farbig.

„Wie lange hast du an diesem Bild gemalt?", fragt Moritz. …

„Das ist aber nicht lange!", staunt er.

Hier besteht die wörtliche Rede aus einem Fragesatz bzw. einem Aus-
rufesatz. Achte auf das Komma zwischen wörtlicher Rede und Begleitsatz.

„ ~~~~~~~ ?", _____ .

„ ~~~~~~~ !", _____ .

6. Denke dir zu jedem der beiden Muster einen Satz aus. Beachte das Komma
zwischen wörtlicher Rede und Begleitsatz auch hier. Markiere alle Satz-
zeichen farbig.

Satzglieder

Wir	gehen		mit der Klasse		in den Zirkus.
Mit der Klasse		gehen	wir		in den Zirkus.
In den Zirkus		gehen	wir		mit der Klasse.
Gehen wir			mit der Klasse		in den Zirkus?

> Die Teile des Satzes, die man verschieben kann, nennt man **Satzglieder**.
> Sie können aus einem Wort oder aus mehreren Wörtern bestehen.

1. Bilde aus den folgenden Satzgliedern die Sätze, die möglich sind, und
schreibe sie in richtiger Schreibweise auf. Umrahme die Satzglieder.

| KOMMT | HEUTE | IN UNSERE STADT | EIN ZIRKUSWAGEN |

2. Schreibe die Sätze auf. Stelle die Satzglieder jedes Satzes um. Schreibe
alle Möglichkeiten auf. Umrahme die einzelnen Satzglieder wie oben.

> Die Clowns stolperten über ein Hindernis.
>
> Atemlos beobachteten die Zuschauer die Seiltänzerin.
>
> Am Ende der Vorstellung klatschte das Publikum.

3. Schreibe hinter jeden Satz von Aufgabe 2,
wie viele Satzglieder du herausgefunden hast.
Vergleiche dein Ergebnis mit einem anderen Kind.

4. Suche in deinen Texten Aussagesätze und erprobe
das Umstellen. Ein Tipp: Nicht jede Satzstellung
ist sinnvoll. Wenn du dir unsicher bist, lies den
Satz halblaut.

> Mit dem Umstellen
> von Satzgliedern kannst
> du deine Texte verbessern.
> Sie können so spannender
> oder abwechslungsreicher
> werden.

Satzglied: Prädikat

Im Sommer	**öffnet**	der Zoo	um 9.00 Uhr.
Der Zoo	**öffnet**	im Sommer	um 9.00 Uhr.
Um 9.00 Uhr	**öffnet**	der Zoo	im Sommer.

> In Aussagesätzen bleibt ein Satzglied immer an der 2. Stelle.
> Es heißt **Prädikat**. Es ist immer ein Verb.

1. Finde passende Prädikate und schreibe die Sätze auf.
Umrahme die Satzglieder. Markiere das Prädikat farbig.

> Viele Besucher　　　　 in den Zoo.
> Die Eisbärin　　　 mit ihrem Kind.
> Du　　　 das neugeborene Löwenbaby.

2. Denke dir unterschiedliche passende Prädikate aus und bilde damit Sätze.
Schreibe sie auf und markiere die Prädikate farbig.

DIE TIERPFLEGERIN　　　DIE AFFEN　　　IM FREIGEHEGE　　　...

3. Tausche deine Sätze aus Aufgabe 2 mit einem anderen Kind aus und
vergleiche.

4. Bilde Sätze mit den Verben unten zum Thema „Zoo" und schreibe sie auf.
Verwende Prädikate in unterschiedlichen Personalformen,
z.B.: ich finde, du beobachtest, wir bringen, …

finden • beobachten • pflegen • säubern • füttern • bringen • streicheln

Satzglied: Subjekt

> Nachts schleicht die Katze durch den Wald.
>
> Durch den Wald schleicht nachts ein Indianer.
>
> Wölfe schleichen nachts durch den Wald.

Das Subjekt eines Satzes finde ich mit der Wer-oder-Was-Frage.

1. Stelle die Wer-oder-Was-Frage zu jedem Satz oben.
Schreibe sie mit Antwort auf.

2. Vergleiche mit einem anderen Kind.

3. Vervollständige jeden Satz unten mit einem Subjekt.
Schreibe die Sätze auf und markiere die Subjekte.

> Nachts funkeln   am Himmel.
>
>   freuen sich auf die Ferien.
>
> Im Schwimmbad steht   .

4. Lies einem anderen Kind einen Satz aus Aufgabe 3 vor. Bitte es, das Subjekt
des Satzes mithilfe der Wer-oder-Was-Frage zu finden.

5. Schreibe mit einem anderen Kind einen Satz mit mehreren Satzgliedern auf.
Stellt die Wer-oder-Was-Frage und markiert das Subjekt.

Satzglied: Akkusativobjekt

Die Trainerin lobt die Mannschaft.

Der Stürmer schießt ein Tor.

Der Tennisspieler sucht den Ball.

Das **Akkusativobjekt** finde ich mit der Wen-oder-Was-Frage.

1. Stelle die Wen- oder Was-Frage zu jedem Satz oben.
   Schreibe sie mit Antwort auf.

2. Vergleiche mit einem anderen Kind.

3. Beantworte jede Frage mit einem vollständigen Satz. Schreibe ihn auf.
   Markiere jedes Akkusativobjekt.

Wen oder was schleudert Michael?

Wen oder was sieht Judith auf der Straße?

4. Vergleiche mit einem anderen Kind.

5. Ergänze in jedem Satz ein Akkusativobjekt. Schreibe die Sätze auf und
   markiere das Akkusativobjekt. Kontrolliere mit der Wen-oder-Was-Frage.

Tina schreibt   am Tisch.

Mutter liest   .

In der Küche kocht ihr Vater   .

6. Vergleiche mit einem anderen Kind.

Satzglied: Dativobjekt

> Das Mädchen glaubte dem Jäger.
> Der Hahn stieg der Katze auf den Rücken.
> Der Spiegel antwortete der Königin.

Das Dativobjekt finde ich mit der Wem-Frage.

1. Stelle die Wem-Frage zu jedem Satz oben. Schreibe sie mit Antwort auf.

2. Vergleiche mit einem anderen Kind.

3. Vervollständige jeden Satz mit einem Dativobjekt. Schreibe die Sätze auf.

> Die Zwerge helfen _____ .
> Die Kinder folgen _____ .
> Am Ende dankt der König _____ .

4. Lies einem anderen Kind einen Satz aus Aufgabe 3 vor. Bitte es, das Dativobjekt des Satzes mithilfe der Wem-Frage zu finden.

5. Bilde mit den Verben Sätze. Schreibe sie auf. Kontrolliere mit der Wem-Frage und markiere jedes Dativobjekt.

begegnen • zeigen • geben • gratulieren • gelingen • gehören

6. Vergleiche mit einem anderen Kind.